Wolfgang Bergmann

# Computer
# machen Kinder schlau

Was Kinder beim Computerspielen sehen und fühlen,
denken und lernen

Wolfgang Bergmann

# Computer
# machen Kinder schlau

Was Kinder beim Computerspielen sehen und fühlen,
denken und lernen

BEUST VERLAG

Die Deutsche Bibliothek – Cip-Einheitsaufnahme

**Bergmann, Wolfgang:**
Computer machen Kinder schlau: Was Kinder beim Computer-
spielen sehen und fühlen, denken und lernen / Wolfgang Bergmann,
1. Aufl. - München : Beust, 2000
  (Kids world)
  ISBN 3-89530-036-5

1. Auflage Mai 2000

Copyright © 2000
Beust Verlag, Fraunhoferstr. 13, 80469 München
**www.beustverlag.de**

ILLUSTRATION: Katja Lechthaler, München
FOTOGRAFIE: Volker Derlath, München
LEKTORAT: Jürgen Bolz, Freising, für GAIA Text, München
LAYOUTDESIGN, SATZ UND PRODUKTION: GAIA Text, München,
Yvonne Heizinger
UMSCHLAGDESIGN: Markus Härle, visual art, für GAIA Text, München
DRUCK: Offizin Andersen Nexö, Leipzig

ISBN 3-89530-036-5

Printed in Germany

# Inhalt

**Zur Einführung** ............................................. 8

**1**

**Was sehen, fühlen, denken und lernen Kinder, wenn sie mit dem Computer spielen?**
Lernpsychologische Beobachtungen und
Überlegungen zur Wirkung der neuen Medien ................ 16

**Pyjama Pit besiegt die Angst** ....................................... 18

**Wie sich kindliche Intelligenz aufbaut** ...................... 24
Kinder lernen in »Wellen« ................................................. 26
Die ersten selbstständigen Schritte ................................. 28
Die Wahrnehmung von Größen und Entfernungen ......... 28
Zusammenhänge mit Hilfe von Zahlen erfassen ............. 30
Die Entdeckung der Schrift ................................................ 31
Kinder und die Magie des Computers .............................. 32
Phantastik und Logik in Computerspielen ....................... 33

**Lebendiges Wissen: Gute Spiele helfen lernen** ........ 40
Was Interaktivität bewirken kann ..................................... 43
Wissensvermittlung im digitalen Zeitalter ...................... 44
Mit Pyjama Pit das Denken lernen ................................... 48

**Computerspiele – auch für lernbehinderte Kinder** ... 56
Mit Fritzi Fisch in der Schule ............................................ 59
Der Tom Sawyer-Effekt ..................................................... 61
Vom falschen Umgang mit lernbehinderten Kindern ....... 68
Computerwelt und Alltagswelt ......................................... 72
Müheloser Schreiben im Computer ................................... 76
Weniger Angst vor dem Lernen ......................................... 80
Der Cyberspace ist ein Raum der Möglichkeiten ............. 81

**Vom Lesen und Schreiben und
Intelligenz überhaupt**.......................................................... 86
Wie lernen wir lesen? ...................................................... 88
Objektkonstanz – Voraussetzung für das Lesen .............. 90
Computer sind kein Allheilmittel ...................................... 94

**Im Cyberspace bin ich der Größte!** ............................ 98
Superhelden befriedigen narzisstische Bedürfnisse ....... 100
Licht-Gestalten und Licht-Bilder ..................................... 104
Im Land der unbegrenzten Möglichkeiten ...................... 105
Die Motivationskraft von Computerspielen ................... 108

**Verhaltenstraining für hyperaktive Kinder** ............ 114
Mit Manny unterwegs im Totenreich .............................. 117
Selbstkorrektur ist der erste Schritt ............................... 119
Mark entdeckt spielerisch Identifikationsangebote ...... 120
Das Ziel: aktive Selbstkontrolle ...................................... 124
Wie man lernt, sich selbst zu kontrollieren ................... 125

**Für die Zukunft lernen** ................................................. 128
In Alternativen denken ................................................... 131
Risikobereitschaft entwickeln ........................................ 132
Verantwortung übernehmen .......................................... 133
Individualisiertes Verhalten trainieren........................... 134

**Unsere Reise durch den Cyberspace –
ein Resümee** ............................................................... 135

**2 Elroy, Dr. Mathe und Oscar, der Ballonfahrer**

Kreuz und quer durch die Welt der Computerspiele ...... 138

**Simulationsspiele: Planung und Interaktion** .......... 140
Die Völker und Civilization .............................................. 142
Sim Earth und Sim City .................................................... 146

Roller Coaster Tycoon ..................................................... 150
Theme Park World .......................................................... 154
Die Sims ....................................................................... 157
Caesar 3 ...................................................................... 161

**Detektivspiele:**
**zwei Highlights und viel Mittelmaß ........................ 164**
TKKG ........................................................................... 166
Ein Fall für Mütze .......................................................... 170
Mit Detektivspielen Einfühlungsvermögen lernen ......... 172
Fünf Freunde ................................................................ 173
Elroy ........................................................................... 178
Die Abenteuer von Valdo und Marie ............................. 181
Das Detektivspiel hat seine Form noch nicht gefunden ... 183

**Lernspiele: ermutigende Ansätze ........................... 186**
Woran erkennt man Qualität? ........................................ 188
Onkel Alberts geheimnisvolles Notizbuch ...................... 193
Dr. Brain – das verlorene Gedächtnis ............................ 195
Max und Oskar, der Ballonfahrer ................................... 197
Billi Banni ................................................................... 203
Addy ........................................................................... 204
Emil und Pauline .......................................................... 205
Ursula Lausters Sprach- und Rechenspiele .................... 206
Start-Klar .................................................................... 207
O!Kay! ......................................................................... 208
English Coach 2000 und Disco ...................................... 209

**Nachmittags im Internet lernen ............................ 212**

**Lego entdeckt die künstliche Intelligenz ................ 218**

**Nachwort .............................................................. 224**

**Bildnachweis ........................................................ 226**

**Liste der Spiele .................................................... 226**

**Register ............................................................... 228**

# Zur Einführung

Ich hatte gerade die letzten Seiten dieses Buches geschrieben, da rief eine nette Journalistin der Deutschen Presse Agentur an und fragte anlässlich der Nürnberger Spielwarenmesse nach meiner Meinung über Kinder und Computer. Ich sagte, weil mich die Fertigstellung des Manuskriptes in muntere Stimmung versetzt hatte und weil es meiner Meinung entspricht: Computer und Videospiele und andere elektronische Spielzeuge, die mit künstlicher Intelligenz arbeiten, machen schlau.

Kaum war die Agenturmeldung in die verschiedenen Redaktionen getickert, stand bei uns zu Hause das Telefon nicht mehr still. Einer erkundigte sich verstört, ob es mir mit solchen Aussagen tatsächlich ernst sei. Schließlich, sagte er – es war wohl ein Kulturredakteur, wenn ich es richtig verstanden habe -, drohe das Ende der Lesekultur. Ob mich, einen Kinderpsychologen, diese Tatsache nicht von Herzen beunruhige. Ich stimmte ihm zu. Es beunruhigt mich.

Ein anderer – er kam von *Giga*, dem Internet-TV – freute sich, dass endlich jemand, der von Berufs wegen als Bedenkenträger gilt, seine ganz persönliche Spiellust zu würdigen wisse. Ich musste ihm freilich mitteilen, dass ich sein Lieblingsspiel *Half Life* für ein zwar faszinierendes, aber riskantes und für Kinder völlig ungeeignetes Spiel halte. Ansonsten haben wir uns prächtig verstanden.

Und alle anderen, zu meiner großen Überraschung, begannen ihre Interviews mit folgender Frage: Es sei doch weithin bekannt, dass Computer im Kinderzimmer eine bedenkliche Entwicklung darstellten oder dass zumindest Psychologen dies so sehen würden. Wie ich mich denn in meiner Außenseiterposition so fühle?

---

»Die Angst vor dem Computer ist so unbegründet
wie die Angst unserer Vorfahren vor der Eisenbahn.«

---

Hervorragend, sagte ich, und wunderte mich. Sollten sie Recht haben? Sollte sich tatsächlich, trotz millionenschwerer Aktionen wie »Schule ans Netz«, trotz breiter Unterstützung für berufliche Förderungen im Bereich »neue Medien« die Kaste der Pädagogen und Psychologen zu Fortschritt und Zukunft immer noch so verhalten, wie es um die Jahrhundertwende meine Vorfahren, die westfälisch-lippischen Bauern, zur Eisenbahn taten? »Düwelstüch«, Teufelszeug, sagten sie, und die Eisenbahn wurde um mein winziges Heimatland Lippe-Detmold herumgeführt. Das nächste halbe Jahrhundert fuhr man bei uns mit dem Bus. Sollte es also in den Köpfen der allermeisten Kollegen angesichts moderner Zukunftsszenarien ähnlich zugehen wie in sturen westfälischen Bauernköpfen? Ganz auszuschließen ist das nicht.

Kurzum, an diesen Gesprächen und Interviews wurde zum wiederholten Mal das ganze Dilemma deutlich, das sich hierzulande mit dem Thema »Kinder und Computer« verbindet. Es hat viele Facetten und ist Ursache vieler Missverständnisse – die allermeisten liegen schlicht darin, dass die Erwachsenen, die Pädagogen, Lehrer und Psychologen vorweg, von Computerspielen reden wie ein Beduine vom Nordpol.

—————

**»Viele selbst ernannte Experten verunsichern, statt zu beraten.«**

—————

Sie wissen nichts Genaues. Und bekanntlich lässt sich über das, was man nur ungefähr kennt, unbefangen plaudern und urteilen. Jeder Stammtisch lebt davon. Und leider ähneln viele erziehungswissenschaftliche und kinderpsychologische Fachkongresse verzweifelt solchen Stammtischgesprächen. Wenn sie doch wenigstens unter sich blieben! Tun sie aber nicht. Sie ernennen sich zu Experten, und wer immer einen Professorentitel vor seinem Namen trägt, findet auch ein Forum, auf dem er seine bedenkenschwere Stimme erheben und den Eltern Angst machen kann. Und andere, die Avantgardisten par exzellence, die jede Mode der Kinder- und Jugendkultur begrüßen, als sei sie der Beginn einer neuen Heilsgeschichte, sind auch nicht viel besser. Auch sie verunsichern, statt zu beraten.

Ich habe in einigen der angefragten Interviews meinen Standpunkt darzustellen versucht. Das geht in wenigen Minuten allerdings sehr schlecht. Und mehr Zeit nimmt sich die TV- und Radiokultur ja meist nicht (zunächst erklärt ein aufgedrehter Redakteur, wie wichtig ihm und seinem Boss gerade dieses Thema erscheine und ob man nicht sofort aus dem Stand heraus ein Gespräch usw. ... und dann erfährt man im selben Atemzug, dass für das ungemein wichtige Gespräch, das nicht den geringsten Aufschub dulde, maximal fünf bis sieben Minuten vorgesehen seien. Zu verstehen ist das nicht!)

Mein Standpunkt, der unterschiedliche Aspekte des Themas in sich vereinigt, ist auf diese Weise kaum darzulegen. Schon darum waren die Interviewanfragen nützlich: Sie trieben mich immer wieder an meinen Computer, weil ich da wenigstens eine Chance sah, meine Überlegungen einigermaßen in Ruhe auszubreiten, und so halten Sie jetzt ein Buch in Händen, das mehr als einmal überarbeitet, ergänzt, verbessert und wieder zusammengestrichen wurde.

———————

»Notwendig ist ein Kompass, der durch das Dickicht des Kindersoftware-Marktes führt.«

———————

Es ist unbestritten, dass viele Eltern trotz der Überfülle an Experten-Meinungen in Zeitschriften und anderswo, immer noch nicht recht wissen, was von den neuen Medien zu halten ist. Ob ihre Kids vor dem Monitor verdummen oder gar Schaden an ihrer Seele nehmen. Oder ob sie sich in die Zukunftstechnologie schlechthin einüben und mit jedem

11

Spiel ihre beruflichen Chancen verbessern. Aber vor allem wissen sie nicht, *welche* PC-Spiele ihren Kindern zuträglich sind und welche nicht.

Mein Buch kann diese Lücke nur teilweise schließen. Ich werde auf den folgenden Seiten eine Reihe von guten, teils hervorragenden PC-Spielen vorstellen. Einige werde ich beispielhaft herausgreifen und analysieren. Ich denke, es ist hilfreich, wenn sich besorgte Eltern von diesem und jenem Spiel ein möglichst anschauliches Bild machen können – und zwar bevor es im Hause ist, wo man es den aufgeregten Händen der Kleinen kaum mehr vorenthalten kann. Weitere Spiele, die mir sinnvoll oder nützlich oder einfach lustig erscheinen, stelle ich nur kurz vor. Ich hoffe den Eltern einen verlässlichen, wenn auch unvollständigen Kompass durch die unwegsame Landschaft der vielen, vielen Angebote und der wenigen Glanzlichter auf dem Kindersoftware-Markt anbieten zu können.

Meine Auswahl ist subjektiv; sie spiegelt meine ganz persönlichen Vorlieben und Abneigungen wider und hat nur zwei Kontrollinstanzen geduldet: die Kinder in meiner kinderpsychologischen Praxis und meinen 13-jährigen Sohn. Sie haben meine Lieblingsspiele kritisch gesichtet, meine Abneigungen geprüft – und ich darf zu meiner stillen Freude sagen, dass wir im Großen und Ganzen zu übereinstimmenden Urteilen gekommen sind. Einige ihrer Meinungen habe ich in dieses Buch aufgenommen, sie sind mal länger, mal kürzer, mal kritischer, mal plaudernder ausgefallen – aber alles in allem, wie gesagt, waren wir uns einig. Ihre Vorlieben sind auch meine und umgekehrt.

Das Internet kommt in diesem Buch noch etwas zu kurz. Das liegt einfach daran, dass die meisten Kinder, mit denen ich zu tun habe, das Internet, soweit zu Hause vorhanden, zwar zum Chatten, aber nicht zum Spielen benutzen. Mein Eindruck ist, dass die im Internet umlaufenden Adventure- und Rollenspiele bislang eine Sache für ausgesprochene Spielfreaks sind, für die richtig ausdauernden Jungen und die wenigen Mädchen einer relativ exklusiven Szene. Das wird sich ändern, vermute ich. Aber bis heute und bis auf weiteres ist das Internetangebot an Spielen für »normale« Eltern, deren Kinder sich im »normalen« Rahmen mit Computerspielen beschäftigen, wenig interessant.

Eine Ausnahme gibt es allerdings. Die Schulbuchverlage Cornelsen und Klett haben einen Internet-Service für Schüler eingerichtet, bei dem Hausaufgaben nachgefragt, Nachhilfe teilweise organisiert und Lerntipps ausgetauscht werden können – vergleichbare Dienste gibt es jetzt auch im Handy-Format. Auch dies ist eine Entwicklung, von der eine Veränderung nicht nur des Nachmittags-Lernmarktes, sondern auf Dauer des gesamten Schulwesens ausgehen wird. Aber bis auf weiteres gilt: Derzeit ist das alles noch eine mehr oder weniger akademische Fragestellung.

## »Die digitalen Medien werden den Schulunterricht von Grund auf verändern.«

Fraglos werden die digitalen Medien in jeder Hinsicht dem konventionellen und unglaublich verstaubten Schulunterricht die Reformen aufzwingen, die längst überfällig sind. Ob es freilich vernünftige Reformen sein werden, steht noch dahin. Ich habe keinen Zweifel, dass sie alle Sparten, alle Fächer, alle Inhalte und alle Lernmethoden erfassen werden, sie werden aber, zugespitzt gesagt, ohne die notwendige pädagogische und bildungsphilosophische Diskussion einfach mit dem kalten Wind der Technologie über die Schulen und andere Bildungsinstitutionen hereinbrechen und sie von Grund auf verändern. Hoffen wir, dass die vielen Versäumnisse der fachlichen Diskussionen dann nicht endgültig zum Nachteil der Schüler ausschlagen.

Dies alles dauert bei uns in Deutschland ein bisschen länger als anderswo. Insofern spielen die digitalen Medien, die neben der Spielesoftware noch sehr verhalten auf den Markt drängen, in diesem Buch noch eine untergeordnete

Rolle. Das entspricht dem Mediengebrauch in Schule und Familie. Aber ganz aussparen wollte ich die Spiel-Cyborgs und das Internet als Bildungsmedium natürlich auch nicht. Zwei der wichtigsten Projekte werden am Schluss dieses Buches vorgestellt.

Weil ich aber nicht die geringste Lust verspürte, mich sozusagen per Internet nochmal auf die Schulbank zu setzen, habe ich eine Internet-Agentin angeworben, 14 Jahre alt, des konventionellen Schulunterrichtes überdrüssig und trotz mäßiger Noten hochintelligent: Sie ging für mich auf die Internet-Pirsch und brachte einen zustimmenden, aber keineswegs begeisterten Bericht über die dort angebotenen Lernhilfen mit. Er ist auf den Seiten 216 und 217 nachzulesen.

Insgesamt bleibt, nach Durchsicht der Angebote im Internet und auf dem Spielemarkt, ein zwiespältiges Resümee: Die Anfänge sind gemacht, sie sind wichtig, nützlich und notwendig. Aber ausgerechnet im Bereich der Lern-Software, der sogenannten edutainments, fehlt es den marktführenden Schulbuchverlagen an Mut, um Ideen jenseits der üblichen Methodik, um Lust an Wissen jenseits der hierarchischen Didaktik zu präsentieren. Die Spiele, die ganz ohne pädagogische Ambitionen daherkommen, sind im Durchschnitt erheblich besser und der Intelligenz der Kinder förderlicher. Ein ganz anderes Lernen ohne Schule – das ist letztlich die große Perspektive, die das Internet und die Computer bieten. Wir müssen aber noch ein wenig darauf warten.

»Der Umgang mit Computern ist geeignet, die intellektuelle und emotionale Intelligenz zu fördern.«

Eine weitere Aufgabe habe ich mir mit diesem Buch gestellt. Ich versuche, die Erlebnisse und Erfahrungen, die geistigen und seelischen und intellektuellen Vorgänge, die ein Kind beim Computerspiel durchläuft, darzustellen und sie unter lernpsychologischen Gesichtspunkten zu würdigen. Ich will damit durchaus auch in die fachliche Diskussion eingreifen. Denn dort wird oft ohne Anschauung und Kenntnis der Sache geredet und spekuliert. Ich versuche auf den folgenden Seiten, die psychologischen Überlegungen entlang der konkreten Erfahrungen im Umgang mit PC-Spielen darzustellen und anschaulich zu machen. Wichtig ist mir, den Eltern, den aufgeschlossenen Lehrern und allen anderen, die privat oder im Beruf mit Kindern zu tun haben, aufzuzeigen, dass sich der Umgang mit dem Computer auch aus fachlich-psychologischer Perspektive als sinnvoll erweist. Es gibt eine Reihe von Gründen, die eine Förderung der intellektuellen und der emotionalen Intelligenz beim Spiel am Computer nahe legen. Ich werde sie ohne jeglichen Fachjargon aufzeigen. Sie sollen Mut machen.

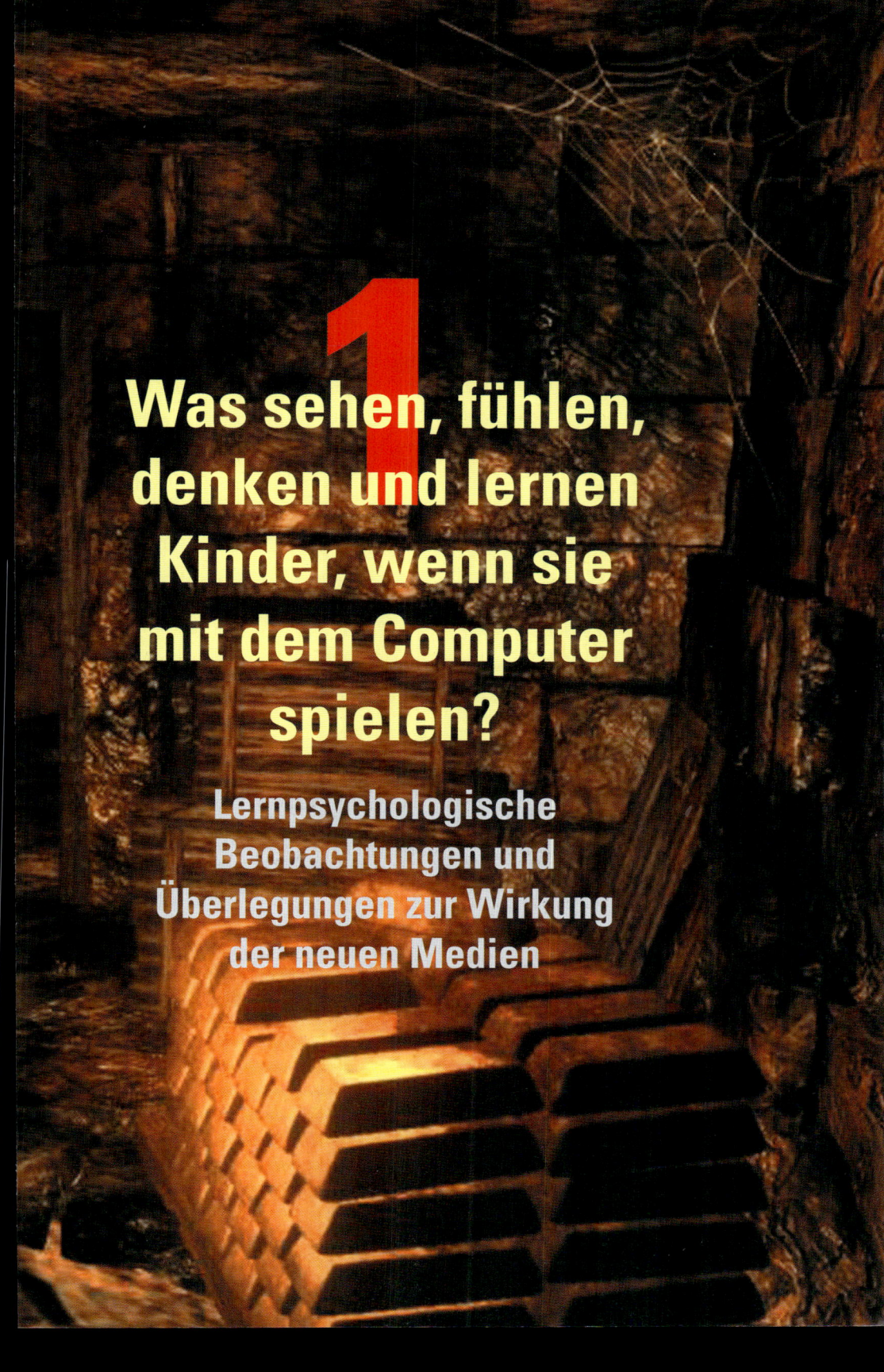

# 1

# Was sehen, fühlen, denken und lernen Kinder, wenn sie mit dem Computer spielen?

## Lernpsychologische Beobachtungen und Überlegungen zur Wirkung der neuen Medien

# Pyjama Pit
# besiegt die Angst

*Pyjama Pit* ist ein kleiner Junge, der keine Furcht kennt. Jedenfalls nicht, wenn er als *Pyjama Man* in Erscheinung tritt, als rotgewandeter Superheld, das breite P auf der Brust, das allen Feinden Angst und Schrecken einjagt.

## Keine Angst im Dunkeln

*Pyjama Pit*, die Hauptperson des Spiels, verwandelt sich immer dann zum *Pyjama Man*, wenn er sich fürchtet und vor lauter Angst ganz tief in seinen Lieblingscomic verkriecht. Abends zum Beispiel, wenn er ins Bett muss und die Mami das Licht löscht.

»Ich habe keine Angst, ich habe keine Angst...«, murmelt Pit, und seine Stimme, verzagt und ein wenig zu schrill, beschwört auch in der deutschen Synchronisation eine eindringliche Spiel-Atmosphäre herauf. Alle Kinder kennen solche Nacht-Gefühle. Ich habe mehr als einmal beobachtet, dass die Kleinen, die Sechs- und Siebenjährigen, Pits Angst-Monolog beim zweiten und dritten Spieldurchgang auswendig mitflüstern. Das ist ihnen aus dem Herzen gesprochen! »Ich habe keine Angst, auch wenn es dunkel ist. Ich weiß, dass Herr Dunkel hinter der Schranktür lauert, aber das ist mir *egal*!« Der sorgfältige und ästhetisch wirkungsvolle Umgang mit Sprache und Stimme auf dieser CD-ROM bewirkt, dass die Kinderangst hörbar wird. Und das werte ich als ein erstes Qualitätsmerkmal eines Spieles, das auch sonst viel zu bieten hat.

*Pyjama Pit: Keine Angst im Dunkeln,*
*3-8 Jahre, Infogrames, empf. VK 40,- DM*

Die Kinder lieben Pyjama Pit, daran gibt es keinen Zweifel. In meiner kinderpsychologischen Praxis ist er neben Elroy (vergleiche Seite 178) und dem alten Manny aus Grim Fandangos *Totenreich* (vergleiche Seite 117) der absolute Spitzentitel. Und zwar für fast alle Kinder. Für die Kleinen genauso wie für die 13- und 14-Jährigen. Pyjama Pit ist eine höchst gelunge Mischung aus kindernahen Erlebnissen in einer wunderschönen bildlichen Umsetzung und einer Fülle von vertrackten Denk- und Knobelaufgaben, die auch den Großen zu schaffen machen.

Kurz, *Pyjama Pit* ist kein Kinderspiel! Besser: nicht *nur* ein Kinderspiel. (Es stammt übrigens, wie *Töff-Töff* und

*Fritzi-Fisch*, von denen später die Rede sein wird, aus der Humogous-Werkstatt, die im Bereich der Computerspiele ungefähr das ist, was Jim Hensons Puppenstudio mit der Sesam-Straße und den Muppets für das Kinderfernsehen war).

Ich selbst, im Vertrauen gesagt, bin auch ganz vernarrt in den tapfer-ängstlichen Winzling mit seiner steilen Haartolle, seinem knallroten *Pyjama Man*-Umhang und seiner nervigen Stimme. Und da ich gerade dabei bin, meine Schwächen einzugestehen: Der neue *Pyjama Pit*, den Infogrames im Frühjahr 2000 unter dem Titel *Donner und Blitz machen mir nix* auf den Markt gebracht hat, steht seinem Vorgänger in nichts nach.

Doch zurück zu *Pyjama Pit* 1: *Keine Angst im Dunkeln* lautet der Titel, der zuerst bei Ravensburger erschienen ist und soeben – im Frühjahr 2000 – von den lobenswerten Infogrames-Leuten wieder aufgenommen und neu herausgebracht wird. Eine großartige Entscheidung! Pit ist eines der wenigen PC-Spiele für Kinder, die nicht »kindertümeln«, die bildästhetisch auf hohem Niveau sind und ganz und gar ohne Belehrungsabsichten daherkommen.

Ohne Belehrung heißt aber nicht, dass es bei diesem Spiel nichts zu lernen gibt. Ganz im Gegenteil.

Gerade die unaufdringliche Intelligenz, die Komplexität der Rätsel und die Verschränkung der verschiedenen Handlungselemente zwingen den kleinen Spieler – verführen ihn, sollte ich besser sagen – dazu, seine intellektuellen und seelischen Fähigkeiten kräftig anzustrengen, wenn er mit Pit ins Land der Dunkelheit eindringt und dort, im verrotteten Bergwerk oder beim Sturz von einem Wasserfall oder am sprechenden Brunnen die wahnwitzigsten Abenteuer besteht.

## Wie Pyjama Pit ins Land der Dunkelheit kommt

Herr Dunkel ist ein übler Geselle. Damit fängt es an. Er hockt im Schrank, und macht sich unweigerlich bemerkbar, wenn Pit ins Bett geschickt wird und die Mami das Licht löscht.

»Ich mache jetzt das Licht aus«, sagt sie mit honigsüßer Stimme, eine nette Mami, und trotzdem grässlich mitleidlos. Aber so sind sie, die netten Mütter kleiner Jungen. Sie sehen so vieles nicht. So viele Ängste. Und kleine Jungen zeigen ihre Ängst nicht gern. »Kein Problem für mich, Mami«, sagt Pit und wedelt mit den Armen. »Mach das Licht nur aus … «

Das ist genau der Augenblick, in dem Herr Dunkel in Erscheinung tritt.

Genau genommen tritt er allerdings nicht in Erscheinung. Man sieht ihn (noch) nicht. Auch Pit kann ihn nicht sehen, aber er *weiß*, dass er »da« ist. Im Schrank. Herr Dunkel *lauert*. So ist das.

Kein Kind kann unter solchen Umständen einschlafen. Pit auch nicht. Was bleibt ihm also anderes übrig, als die Decke zur Seite zu schieben, aufzustehen und in die Rolle des schützenden Superhelden *Pyjama Man* zu schlüpfen, des furchtlosen, unbezwingbaren Super-Comic-Helden.

»Warte nur, Herr Dunkel…« Pit schlägt, wie sein Idol, den knallroten Mantel über die Schulter, setzt die Furcht erregende *Pyjama Man*-Maske auf und greift zur Taschenlampe mit den zwei »Mega-Batterien«. Dann kramt er seinen Abenteuer-Expeditions-Koffer heraus und es kann losgehen.

»Ich muss Herrn Dunkel fangen!« Vorher ist an Schlaf nicht zu denken. Pit öffnet vorsichtig die Schranktür, mit schlotternden Knien (man sieht es), und betritt Herrn Dunkels Reich. Dabei gerät er leider, weil er eben so zittert und zappelt, ins Stolpern, stürzt durch die Rückwand des Schrankes hindurch mitten in eine spiralförmig kreisende Titel-Grafik hinein und landet schließlich, mit gewaltigem Plumps im Land der Dunkelheit, ein Nirgendwo-Land, ein Computer-Spiel-Land, Angstland.

*Pyjama Pit: Keine Angst im Dunkeln*

# Wie sich kindliche Intelligenz aufbaut

Ich werde gleich noch etwas mehr von Pit, dem Holzboot Otto und dem verrosteten Waggon tief im Bergwerk erzählen. Aber vorher ein kleiner Sprung in die moderne Kognitionspsychologie. Das ist die Wissenschaft, die der Frage nachgeht, wie und in welchen Entwicklungsschritten Kinder Wahrnehmung bilden und Intelligenz erwerben, welche Störungen dabei auftreten und wie sich diese im weiteren Verlauf der kindlichen Entwicklung auswirken können.

Ich werde mich bei der Darstellung eines Rasters bedienen, das Howard Gardner, einer der wichtigsten Intelligenzforscher der 80er-Jahre des 20. Jahrhunderts, nach zwei Jahrzehnten wissenschaftlicher Beobachtung und Reflexion an der Universität Illinois aufgestellt hat.

Solche Raster oder Schemata haben immer nur einen begrenzten Aussagewert. Aber anders als viele kinderpsychologische Autoren und empirische Wissenschaftler ist sich Gardner auf eine sehr angenehme und intelligente Weise der Grenzen seiner Darstellung bewusst. Sie ist, wie er selbst mehrfach unterstreicht, nicht mehr als ein grober Ordnungsrahmen, mit dessen Hilfe er versucht, die geistig-seelischen Vorgänge und die Entwicklungen der so genannten »kognitiven Fähigkeiten« nachzuzeichnen. Zwischen den wissenschaftlichen Begriffen und der konkreten kindlichen Realität klafft immer eine Lücke.

Dass diese schlichte Einsicht so oft vernachlässigt wird, hat damit zu tun, dass wir im Erziehungs- und Bildungsbereich eine geradezu grausige Expertenmentalität haben. Jeder Lehrer, jeder Psychologe, jeder Kinderpsychiater fühlt sich berufen, nicht nur über Kinder allgemein, sondern über dieses und jenes Kind, das ihm vorgestellt wird und das Hilfe braucht, auf Grundlage solcher Rahmenmodelle und zahlreicher Tests konkrete Aussagen zu treffen. Das kann er aber nicht. Kenntnisse über Kinder erwirbt man ausschließlich im lebendigen Umgang mit Kindern. Die Kluft zwischen Theorien und Realität kann immer nur durch behutsame Beobachtung und detaillierte Beschreibung geschlossen werden. *Verstehen* ist etwas ganz anderes als abstrakte Modelle anzuwenden. Was das mit *Pyjama Pit* zu tun hat? Nichts, aber es muss einfach mal gesagt werden.

## Kinder lernen in »Wellen«

Gardner spricht, weil er die Differenz zwischen theoretischen Modellen und konkreter Erlebniswirklichkeit kennt, nicht von Entwicklungsstufen eines Kindes, sondern von »Wellen«. Ein geglücktes Bild! Wie treibende Ströme sind die geistigen Entfaltungen eines kleinen Kindes. Woher ihre Kraft kommt, aus welchen Quellen des Unbewussten oder Vorzeitlichen, das weiß keiner.

Zum Beispiel die Sprache: Wird sie im Umgang mit Menschen und Dingen erworben? Oder ist sie, wie der amerikanische Philosoph Chomsky annimmt, eine genetische Begabung des Menschen. Eine Fähigkeit, die in ihm angelegt ist, bevor er zur Welt kommt? Wie das Saugen, das Schreien, das Lachen, das Kommunizieren? Wir wissen auch das nicht. Wir wissen sehr wenig.

>>Symbolische Strukturen
formen das Denken und ordnen
das Weltverständnis des Kindes.<<

Welche Kräfte treiben ein Kleinkind, wenn es zu laufen beginnt und ein ums andere Mal schmerzlich hinstürzt, wenn es, weinend, wieder aufsteht – und *dabei eben nicht* vernünftig lernt, dass Laufen nur Schmerzen bereitet und besser aufzugeben sei, das eben nicht -, wenn es wieder und wieder seine Versuche unbeholfen beginnt und wieder und wieder stürzt, bis zum Schluss eine ursprüngliche Fähigkeit in ihm zum Durchbruch kommt und es fortan auf zwei Beinen – im aufrechten Gang, wie ein Philosoph sagte – durchs Leben geht?

Solche Energiequellen und -strömungen sind es, die die geistig-seelische Entfaltung eines Kindes vorantreiben. Gardner unterteilt sie in »vier Wellen«. In vier Abschnitten erwirbt ein Kind eine Art inneres »Skript«. Damit ist der Erwerb von Symbolen und im weiteren Verlauf der Entwicklung der Erwerb von symbolischen *Strukturen* gemeint, die das Denken formen und das Weltverständnis ordnen.

# Die ersten selbstständigen Schritte

»Zunächst lernt das Kind, Gesetzmäßigkeiten
im Handeln zu erkennen.«

Der erste Schritt in die symbolische Ordnung lässt sich so beschreiben: Ein Kind lernt, dass Handlungen nicht nur einmal
geschehen, blind und zufällig, sondern dass in allen Handlungen gewisse Gesetzmäßigkeiten wirksam werden. Es lernt
von einer Handlung auf andere zu schließen. Einmal über
ein Hindernis gestolpert, weiß es fortan, Hindernisse auch
dann zu identifizieren, wenn das nächste ganz anders aussieht als das erste. Es beginnt, in Modellen zu denken. In
simplen, kausalen Modellen natürlich noch, die aber schon
jetzt über die direkte sinnliche Erfahrung hinausreichen. *Es
versteht mehr, als es gesehen und gefühlt hat.* Das ist der Anfang des Geheimnisses der menschlichen Intelligenz.

# Die Wahrnehmung
# von Größen und Entfernungen

Die zweite Welle nennt Gardner die »topologische«. Damit
umschreibt er, dass das Kind nun beginnt, in realistischen
Abständen, Größen und Entfernungen wahrzunehmen. Es
kann jetzt Wege abschätzen, es beginnt zu begreifen, dass
es, wenn es von einem Raum in einen anderen läuft, immer noch in einem *Zusammenhang* von Räumen, in einer
geordneten räumlichen Kontinuität bleibt. Wiederum
stellt es im Denken Ordnungen her, die ihm die Sinne
nicht zeigen. Die Verbindungen von Räumen und das
Grundmuster einer Wohnung sind nicht sichtbar. Sie sind
»formal«. Doch sie haben sich in die Bewegungserinne-
rung des Kindes eingeprägt.

Wenn ein Kind auf diese Weise beginnt, Raum und »topologische Ordnung« wahrzunehmen, dann ist damit zugleich ein weiterer seelisch-geistiger Schritt verbunden: Es beginnt, sich selber im Zentrum der Welt wahrzunehmen. Die Welt der Dinge und der Entfernungen ordnen sich gleichsam um das Kind herum, das sich selbst als Mittelpunkt von allem empfindet. Die ersten Schritte eines individuellen Selbstbewusstseins kündigen sich an.

»Das Kind ordnet die Welt vom eigenen Körper her.«

Das erscheint uns ganz selbstverständlich, ist es aber nicht. In der symbiotischen Phase der ersten Lebensmonate waren für das Kleinkind die Welt und das Ich noch deckungsgleich. Nun ordnet es die Welt vom eigenen Körper her. Es wird dadurch »autonom«. Es wird selbst-ständig im sprichwörtlichen Sinn des Wortes.

## Zusammenhänge mit Hilfe von Zahlen erfassen

Die dritte Phase nennt Gardner die »numerische«. Das beruht auf einer Beobachtung, die man in der Tat an vier- bis sechsjährigen Kindern treffen kann: Die Kleinen haben in dieser Lebensphase die schier unbezähmbare Neigung, die Dinge in Zahlen zu begreifen. Damit erobern sie sich eine neue Stufe der Abstraktion, sie stellt eine weitere erstaunliche geistige Leistung dar.

Denn wenn ich Dinge »zähle«, dann stelle ich sie wiederum in einen Zusammenhang. Ich zähle ja nicht willkürlich, sondern folge einer geordneten Reihe. Es wäre ganz sinnlos, einen Tisch, dann einen Teppich, schließlich ein Buch und noch die gerade zu Besuch weilende Großmama zu »zählen«. Ein Kind in diesem Alter tut das auch nicht. Es zählt »ordentlich«, das heißt, es zählt nur diejenigen Dinge »der Reihe nach«, die einander gleichen: die Bücher im Schrank, die Blumentöpfe auf dem Fenster, die Knöpfe seiner Jacke, die Besucher am Sonntagnachmittag usw.

>»Ein Kind, das zählt,
>strukturiert damit seine Umwelt.«

Ein Kind, das zählt, erfasst »Mengen«. »Mengen« sind bereits hochabstrakte Gliederungen von Wahrnehmung. In ihnen ist die Reihenfolge der Zahlen noch einmal geordnet, sozusagen in einer zweiten Abstraktionsschicht dargestellt. Diese Menge hier, die andere dort, eine dritte und eine vierte ergeben ein »Gefüge«, das mehr ist als nur isolierte einzelne Dinge und mehr als die »Summe« der zählbaren Dinge. Mengen sind Zusammenhänge zweiter Ordnung. Auf diese Weise, die, wenn man sie sich einmal vor Augen hält, beeindruckend komplex ist, gibt ein Kind seiner Umwelt »Struktur«. Seinem Lebensalter entsprechend wählt es die nach der Sprache einfachste und zugleich abstrakteste Form – die Zahl.

## Die Entdeckung der Schrift

Über das Zählen dringt das Kind zwanglos zum vierten und letzten kognitiven Prinzip vor. Die Schrift. Sie ist von allen geistigen Ordnungen die erstaunlichste. Warum? Weil sie die Vielfalt der ganzen Welt in sich aufzunehmen vermag. Im Prinzip lässt sich alles, was sich ereignet, alles, was in einem kleinen oder großen Menschen vorgeht, in Schriftzeichen ausdrücken – alles!

»Die Schrift ist ein Wunder, weil sie die ganze Welt in 26 Buchstaben enthält.«

Die Sprache kann das auch, aber anders als Sprache ist Schrift in zweifacher Hinsicht »Fest-Stellung«. Zum einen dadurch, dass sie die unermessliche Vielfalt des Lebens in 26 Buchstaben auszudrücken vermag. (Die »alphabetische Reihe« ist in anderen Sprachen sogar kürzer.) 26 Zeichen, und sie enthalten im Prinzip alle Geschehnisse und Geschichten der ganzen Welt. Wenn das kein Wunder ist! Zum anderen dadurch, dass die Schrift die Dinge in der alphabetischen Reihe auf dem Papier oder einem anderen stabilen Untergrund fixiert. Schrift »stellt die Dinge fest«. Und macht sie dadurch beherrschbarer.

Ein Kind ist von beiden Tatsachen gehörig beeindruckt und widmet sich mit Feuereifer der Entdeckungsweite, die sich mit den Schriftzeichen vor ihm eröffnet. Leider treiben wir unseren Kindern, spätestens in der Schule, das Geheimnis der Schrift ganz und gar aus. Sie wird Lernstoff. Sie wird bewertet. Die Glut des Geheimnisses erlischt und mit ihr die Freude am Schreiben.

Nur, wer die Begabung hat, den Kleinen beim Lesen und Schreiben ein Stück des alten Wunders zurückzuerstatten, vermag sie zu freudigem und tiefem Lernen zu veranlassen. Die meisten Pädagogogen können das nicht. Aber der Computer kann es.

## Kinder und die Magie des Computers

Die computerisierten Lichtobjekte im Monitor sind selbst wie »Wellen«. Bilder in Bewegung, von seltsamer Künstlichkeit, man sieht, auch wenn man es gar nicht bewusst erfasst, dass sie konstruiert sind. Nicht fotografiert, nicht gezeichnet, nein: frei konstruiert. Computerisierte Bilder haben eine eigene Glätte, eine faszinierende Beweglichkeit. Sie machen immer den Eindruck, als würde man über sie hinweg- oder durch sie hindurchfliegen oder als könnten sie zumindest jederzeit in Flugbewegungen übergehen. Ganz egal, was sie konkret zeigen, die Darstellungstechnik allein erzeugt eine geradezu soghafte Irrealität. Kinder lieben sie. Warum? Das ist einfach zu verstehen.

>»Computerspiele aktivieren die vier Bereiche der kindlichen Welterfahrung.«

Der Übergang von der fließenden symbiotischen Welt, der »Innenwelt« des Neugeborenen zu den kognitiven Symbolstrukturen ist für sie ja noch ganz neu. Das Symbiotische ist vom Rationalen noch kaum geschieden. Beides ist in der kindlichen Psyche unmittelbar präsent. Und die vier Wellen – ob man sie so definiert, wie Gardner es vorschlägt, oder auf andere Weise, spielt kaum eine Rolle – sind alle miteinander noch im unmittelbaren Erlebensgedächtnis. Alles ist noch neu: das Numerische, das Schriftliche, das Topologische, das Sensuell-Motorische. Alles ist noch wie ineinander geschoben in der übervollen Seele eines Kindes. An Spielen wie *Pyjama Pit* können wir ablesen, wie diese vier »Wellen« gleichsam wieder in Bewegung gesetzt werden.

In allen Spielen springt ein Kind von der Dominanz der einen Stufe seiner Welterfahrung in die Dominanz einer anderen, von einer späteren in die allerfrüheste und wieder zurück. Das ist lebendiges, phantastisches und phantasiereiches Denken, wie es so ausgeprägt nur Kindern eigen ist. Die digitalen Bilder unterstützen mit ihrer Realitätsferne, ihrer Künstlichkeit diese »strömenden« Vermengungen und intensivieren sie auf eine besondere Weise. Und damit sind wir wieder bei *Pyjama Pit*.

## Phantastik und Logik in Computerspielen

Pit ist angekommen, hineingeplumpst ins Nirgendwo-Land, verblüfft und erschrocken, aber immerhin ausgestattet mit den Insignien des Superhelden: dem roten Umhang, der Maske und seinem Abenteuer-Expeditions-Koffer, in dem er Herrn Dunkel einfangen will.

Er ist bei seiner Ankunft im Land der Dunkelheit teilweise ein ängstlicher kleiner Junge, der Furcht vor der Dunkelheit hat, und teilweise ein Superheld. In einer Person. So etwas kann nur die Phantasie eines Kindes. Und der Computer, bzw. dessen künstliche, Bild erzeugende Intelligenz kann es auch.

### Wie Pit alles auf den Kopf stellt

Pit stolpert über eine Brücke, läuft aus dem Vordergrund ins Innere des Bildes hinein – was einem Kind einige topologische Fähigkeiten und Orientierungen abfordert – und befindet sich plötzlich in einem Wald, der sehr seltsam wirkt. Warum? Weil die Bäume alle Gesichter haben, was im Computer-Phantasie-Land freilich niemanden so recht wundert.

33

Zum Wundern bleibt auch kaum Zeit. Denn Pit, so stellt sich heraus, ist schon in eine Falle getappt. Er hat eben nur auf den Weg geachtet, er, beziehungsweise das spielende Kind, ist mit dem mausgelenkten Pfeil dem geraden Verlauf des Weges gefolgt und hat dabei übersehen, dass manche Wege, denen man »topisch korrekt« folgt, sich trotzdem als Irrwege entpuppen. Vernunft und Ordnung ist eben nicht alles im Computer-Wunder-Land. Und in der Realität auch nicht.

Pit steckt in der Falle: Ein dicker Strick, eine Fußangel, schlingt sich um sein Bein und zieht ihn kopfüber hoch bis in die Baumwipfel. Die ganze Landschaft, alle Konturen, kurz: die gesamte Topografie wird buchstäblich »auf den Kopf gestellt«.

Nichts ist so, wie es war oder zumindest schien. Unsere zweite kognitive Welle hat sich, zumindest in dieser Szene, als ein riesiger Schwindel herausgestellt. Es gibt nicht nur eine, sondern viele topografische Ordnungen. So, wie es unendlich viele Wirklichkeiten gibt. Jedenfalls im Nirgendwoland des Computer (wir kommen am Beispiel anderer Spiele auf diesen Punkt zurück: die Verschiebung von Perspektiven oder, für die Gebildeten unter meinen Lesern, die Auflösung der Zentralperspektive ist geradezu eine Spezialität des Computers).

Pit, den Kopf nach unten, macht wirklich keine gute Figur. Das scheint auch die Meinung der Bäume zu sein, die stumm um Pit herumstehen und ein sehr ernstes Gesicht zeigen. Sie beginnen auch sofort mit inquisitorischen Fragen. Was er hier wolle? Wer er sei (als könne man das im Computerland wissen)? Warum er eine Maske trage? Und einen Umhang? Und einen Koffer? Lauter Fragen, auf die es keine Antworten gibt, jedenfalls keine vernünftigen.

Sie sind sehr unzufrieden mit Pit, die mürrischen Bäume, die auftreten wie Richter, und sie nehmen ihm seine Superman-Utensilien, also die Taschenlampe, die Maske und den Expeditionskoffer, einfach weg. Eine Katastrophe.

Und Pit? Gut, dass er sich im phantastischen Bildraum der Technologie befindet und nicht in der Wirklichkeit. Sonst wäre er doch gewaltig von sich und von *Pyjama Man*, dem Superhelden, enttäuscht worden.

Idole enttäuschen in der Wirklichkeit immer irgendwann. Aber im Computerland hat der kleine Pit und mit ihm unser Spieler vor dem Monitor noch eine reelle Chance, sein Ich-Idol, sein Größen-Selbst trotz aller Widrigkeiten aufrechtzu-erhalten. Er muss eben nur die *Pyjama Man*-Requisiten wieder beschaffen. Einfach ist das nicht: Er muss knobeln und experimentieren, Rätsel lösen und hin und wieder – wie in der Schule – Fragen über die albernsten und unzu-sammenhängendsten Wissensgebiete beantworten.

*Pyjama Pit: Keine Angst im Dunkeln*

Die Psychologie spricht angesichts einer solchen Konstellation von einem Spieler, der bei den folgenden Anstrengungen ganz unmittelbar von »narzisstischen« Gefühlen gefüt-tert wird, er ist ja auf der Suche nach seinem Größen-Selbst, nach dem, was sein Spiel-Ego wieder unbesiegbar erschei-nen lässt. »Ich will wieder Superman (beziehungsweise *Pyjama Man*) sein« – das ist die Aufgabe und das Ziel, das er erreichen will.

Pit zieht los. In diesem Computerland ist er mit seiner Superman-Rolle zwar zunächst mal gründlich auf die Nase gefallen. Aber nichts ist verloren. Hier gibt es immer wieder eine Chance. Man kann immer wieder neu anfangen. Hier ist eben alles möglich, weil nichts wirklich ist.

Die »kognitive« Pointe dieser Spielwelt besteht also darin, dass Pit in den folgenden Sequenzen einerseits alle Energien eines kleinen Narziss mobilisiert, und dass er andererseits alle erwähnten »Wissens-Wellen«, die ein Kind Zug um Zug aufbaut, abrufen muss. Jede Einzelne wird gebraucht. Er braucht die örtliche Orientierung, er muss Entfernungen bestimmen und abmessen, er muss schriftliche Informationen entziffern usw. Er springt, wie es in anderen Kinderspielen auch geschieht, von einer Entwicklungsstufe zur anderen und findet immer neue und komplexere Verknüpfungen – das ist nichts anderes als lebendige Entfaltung von Intelligenz. Und dann kommt schließlich hinzu, dass diese intellektuelle Entfaltung in dem »Alles-Möglich-Szenarium« der digitalen Bilder eingesetzt wird. Nicht nur die verschiedenen Dominanzen der geistigen Entwicklungsstufen, nein, Realität und Irrealität insgesamt spielen auf nahezu magische Weise ineinander. Für den kleinen Spieler geht numehr das Anwenden jener »kognitiven Strukturen« Hand in Hand mit ihrer Auflösung. Das Anwenden *und* das gleichzeitige Widerrufen der abstrakten Vernunftordnung, der Symbolordnung macht die Besonderheit im Computererlebnisraum aus. Dazu noch ein Beispiel.

## Pit und das Kanu

Pit trifft auf ein ängstliches Kanu. Es hatte gehört, dass Holz zu schwer sei und sich auf Wasser nicht halten könne. Seither fürchtet es sich vor Wasser. Pit erklärt ihm, dass Holz aus diesen und jenen Gründen auf Wasser schwimmt und nicht untergeht. Aufgrund seiner Kenntnisse der physikalischen Gegebenheiten kann er das Kanu beruhigen. Aber während er gerade das Kanu besteigt, um mit ihm an das gegenüberliegende Ufer zu paddeln (»Ich schwimme! Tatsächlich!«), verschwindet ein Holzbrett, das neben den beiden auf dem Wassser gelegen hatte, plötzlich ohne erkennbaren Grund; es versackt in den Wellen und wird im ganzen Spiel nicht wieder gesichtet.

*Pyjama Pit: Keine Angst im Dunkeln*
•••••••••••••••••••••••••••••••••••••••••••••••

## »In Computerspielen werden die gelernten Ordnungen infrage gestellt – wie im richtigen Leben.«

Da ist plötzlich nichts mehr mit Gesetzmäßigkeiten! Beides ist im Computerspiel möglich. Nebeneinander, gleichzeitig. *Alles* ist möglich! Die symbolischen Ordnungen gelten und gelten nicht. Das ist genau wie im Kinderspiel. Nur dass sich im Computer, anders als im traditionellen Kinderspiel, eine *kompakte, fertige Welt* phantastisch vor dem Kind ausbreitet. Es bewegt sich darin, kämpft, rätselt, rudert, läuft und freut sich und leidet – ein gewaltiges Erfahrungsfeld mit sinnlichen Sensationen. Je erlebbarer, je eindringlicher diese Welt auf den kleinen Spieler einwirkt, umso mehr bekräftigt er im Computerspiel die eben genannte paradoxe Erfahrung, dass der vor noch gar nicht langer Zeit gefundene und gelernte vernünftige Umgang mit Symbolen funktioniert (regelhaft funktioniert) und dass trotzdem alles nur eine sehr unsichere, eine sehr vorläufige, jederzeit widerrufbare Bedeutung hat. Alles ist so, wie gelernt, und trotzdem ganz anders.

Dadurch wirkt diese Spielwelt so leicht, so frei, so grenzenlos. Sie wirkt, obwohl man ständig irgendwelche Funktionen bedient, weit weg von Vernunftschwere. Sogar das Lesen, das mühsame, macht am Computer plötzlich wieder Spaß. Auch die Schriftzeichen sind im Monitor wie Orakel.

Auch ihre Bedeutung ist nicht wirklich *fest*geschrieben. Der Bleistift beispielsweise stellt sich Pit schon bald als arger Lügner dar. Ausgerechnet der! Gerade der Bleistift, mit dem man diese imponierenden und bedeutungsschweren Schriftzeichen aufs Papier malt, ist von allen der unzuverlässigste! Ein Kind wundert sich darüber kaum. Es hatte sich so etwas schon gedacht. (Auf die Bedeutung der Schrift im Cyberspace kommen wir noch zurück).

So leicht, frei, vorläufig, so verrückt, das ist die Pointe dieser digitalen Spielräume. Und weil das so ist – weil die geistigen Dinge sich wieder den phantastischen nähern, von denen sie einmal hergekommen sind und weil der Computer dies so ideal darzustellen vermag in seiner eigenwilligen Symbolwelt – *deshalb* spielen die Kinder so gern und so intensiv mit ihm.

> »In Computerspielen lernen Kinder
> entlang von Motiven, die sich mit der kindlichen
> Phantasie verbünden.«

Und weil sie auf diese Weise spielen, lernen sie gerade hier, angesichts dieser spielerischen Freiheit, die Symbolbedeutungen wie Zahl, Menge, Schrift, topologische Ordnung usw. noch einmal anders, vermutlich mit tieferer innerer Beteiligung, als sie es in der Schule und bei den Hausaufgaben jemals tun werden. Sie lernen entlang einer Fülle von Motiven, die die Kinderphantasien nicht auswischen, sondern sich mit ihnen verbünden. Wenn nun im Rahmen des Phantastischen (und des Narzissmus) gelernt wird, dann ist das eben ein anderes Lernen. Ein nicht *nur* vernünftiges, nicht nur diziplinierendes Lernen. Das ist ein wichtiger Punkt. Vielleicht der Wichtigste.

Kinder lernen in einem einzigen Spiel wie dem vom kleinen Pit viel! Es gibt den Wald mit den Baumgesichtern, dann einen Brunnen, der in irgendwelche verwunschenen

Tiefen führt, drumherum eine wahnwitzig konstruierte Dornenhecke, eine stählerne Brücke, über die nur hinüber darf, wer dem Brückenpfeiler einen Goldtaler in die gierige Hand drücken kann (Aber woher nimmt man einen Goldtaler?) und während man über die Brücke stolpert, weiß man auch nicht, wo sie hinführen wird.

Dann plötzlich der Absturz, einen Wasserfall hinunter in ein unterirdisch sprudelndes, quirlendes Wassergelände, aus dem es keinen Ausweg gibt, es sei denn, man experimentiert mit den heißen Quellen und ihrer Dampfkraft. Oder das Bergwerk, ein topologischer Irrwitz, mit zahllosen Stollen, in die man auf einer verrosteten, aber pfeilschnellen Lore hineinrast – doch wo kommt man dann an?

Da braucht man alle Reaktionsfähigkeit und alles Orientierungsvermögen in höchster Konzentration – und dabei ist, wie wir jetzt schon wissen, alles ganz unvorhersehbar. Wohin rast die Lore? Das Gewirr der Schienenstränge ist so dicht und unübersehbar, dass der kleine Spieler ebenso wie Pit ganz die Orientierung verliert. Hinauf oder hinunter? Wo ist unten? Wo oben? Dann endet die Fahrt plötzlich an einem verschütteten Eingang, vor dem Steingeröll aufgehäuft liegt, scheinbar in chaotischem Durcheinander. Wie geht es jetzt weiter?

Ordnung ist in diesen Spielen nie nur Ordnung, sondern immer auch ein gewaltiges Durcheinander, und auf der anderen Seite verhält es sich mit dem Chaos ebenso. Es ist auch nicht nur chaotisch, sondern enthüllt, wenn man genau hinsieht, geometrische Figuren, in algorithmischen Reihen geordnet. Unser kleiner Spieler beginnt also, die Steinhaufen zu zählen und den Eingang zu vermessen und trainiert sich und seine Intelligenz schon wieder ... Und zuletzt, wenn die Aufgaben richtig gelöst sind, öffnet sich der Eingang und führt tief ins Dunkel hinein und die phantasiereichen Unwägbarkeiten beginnen von neuem.

# Lebendiges Wissen: Gute Spiele helfen lernen

Es gibt ein wichtiges Motiv, das für Kinder zwischen vier und vierzehn Jahren ganz zentral ist, wenn sie vor dem Computer sitzen und nicht wieder aufhören wollen: Jede Lösung, die gelingt, jede Aufgabe, die korrekt erledigt wird, eröffnet sogleich einen neuen Bildraum, einen anderen Erlebnisraum. In der Schule dagegen hat eine Aufgabe eine Lösung und damit fertig! Man kann dann nur noch nachschauen oder vom Lehrer überprüfen lassen, ob die Lösung richtig oder falsch war. Am Ende der Aufgabenbewältigung steht jedes Mal eine Kontrolle. Jedes Mal ist ein Kind auf dem Prüfstand. Im Computerspiel eröffnet sich jedes Mal eine neue Welt.

**»Unsere Wissenspädagogik setzt ausschließlich auf den Leistungswillen der Kinder.«**

Aus irgendeinem Grund ist unsere ganze Wissenspädagogik so angelegt, dass sie nur auf ein einziges Motiv der lernenden Kinder spekuliert: auf ihren Leistungswillen. Natürlich will (fast) jedes Kind seine Leistung bringen und beweisen. Aber die damit verbundene Überprüfung, die Bewertung versetzt jeden Menschen – nicht nur ein Kind – in einen verkrampften Spannungszustand.

Wenn Wissen nur unter dem Aspekt von Leistung trainiert und abgefragt wird, dann verliert es viel zu viel von seinem komplexen, aufregenden Charakter. Wissen ist eben mehr als nur Stoff, an dem man nachweist, was man alles gelernt hat. Wissen ist etwas Ursprüngliches. Wie die Neugier.

**»Die Schulpädagogik blendet Phantastisches aus und macht Wissen gleichförmig.«**

Wissen-Wollen ist immer auch Lust auf Abenteuer. Auf geistiges und phantastisches Abenteuer. Wissen hat mit Tagträumereien zu tun. Die trockenen Zahlen im Geologie-Buch etwa über den Ausbruch eines Vulkans und dessen Ursachen stecken in Wahrheit voller Stoff von Geschichten, Abenteuern. Nur werden solche Geschichten in der Schule nie erzählt! In jede einzelne Zahl könnte sich ein Kind mit seinen ganz persönlichen Motiven, seinen Träumen von sich selbst, seinen Lieblingsphantasien einmischen, wenn Schule nicht so sehr darauf beharren würde, dass Wissen gleichförmig gemacht wird, wenn sie nicht so versessen darauf wäre, durchzusetzen, dass für alle Schüler dasselbe Lernen gilt und dass die phantastischen und narzisstischen Motive eben »nicht zum Stoff« gehören. Wenn, mit anderen

Worten, Schule aus dem Wissensstoff nicht das Individuelle und Phantastisches austreiben würde und auf diese Weise einen dürren rationalen Aufguss an Fakten übrig ließe. Wenn am Ende des Schullernens nicht immer nur ein »Richtig« oder »Falsch« stünde, eine sinnleere Zensur.

Bei der rationalistischen Verdünnung von Denken und Wissen läuft unsere Schulpädagogik geradezu zur Höchstform auf. Es gelingt ihr sogar, aus den Künsten, aus Malerei und Dichtung jeden Funken auszutreiben und nur das für relevant zu erklären, was sich in verobjektivierten Zahlen und Daten auswendig lernen lässt.

Schule ist in vielerlei Weise Verarmung von Wissen. Computerspiele halten genau dieser Bilder- und Denkarmut ihren multimedialen Charakter – oder, wie ich eben formulierte, die Eröffnung von phantasiereichen Bild- und Erlebniswelten – entgegen, und machen manchmal sogar die Lerngegenstände der Schule wieder lebendig. Warum ist das so?

## Was Interaktivität bewirken kann

Allein die Tatsache, dass der Computer zu wesentlichen Teilen ein Bildmedium ist, zwingt die Hersteller von Kinder- und Lernsoftware dazu, die dürftigen Daten und Zahlen-*materialien* wenigstens teilweise sinnlicher zu präsentieren, als es Schulbücher tun. Bilder müssen auf einer CD-ROM schon etwas mehr sein als nur Illustrationen. Sie haben einen eigenständigen Charakter.

Dazu kommt, dass sich selbst bei den Schulbuchverlagen, als sie sich zaghaft auf den Software-Markt trauten, herumsprach, dass der Umgang mit Computern Interaktivität voraussetzt. Nicht jeder hat die Bedeutung des Interaktiven für das Lernwissen sogleich verstanden. Die meisten Lernsoftware-Hersteller begreifen sie bis heute nicht, aber wiederum geht von der Medientechnik ein gewisser Zwang zur Versinnlichung, zur ästhetischen Aufbereitung des Stoffes aus.

Ein Bild, das man interaktiv in Bewegung versetzen oder sonstwie verändern kann, erhält allein dadurch eine gewisse

Tiefe. Jede Veränderung, die der Spieler mit einem Klick einbringt, erzeugt ein Stück Komplexität, eröffnet einen Raum im Bild, der weiter geht und tragfähiger sein muss, als es die simple Bildillustration von sich aus ist. Das Bild beansprucht seinen eigenen Platz, es beansprucht Raum, es braucht eine gewisse Eigenart, damit ein kleiner Spieler in und mit ihm überhaupt agieren kann. Es fordert die Aufmerksamkeit des Spielers heraus und muss ihr dann auch visuell standhalten. Sonst handelt es sich um eine für jedermann erkennbar langweilige Software. Davon gab es anfangs ja auch genug, aber die Programme waren ein schlechtes Geschäft, und so stoßen wir auf simple Ursachen dafür, weshalb die Bildsprache bzw. die visuell-sinnliche Seite der Symbole in den Computermaterialien sorgfältiger behandelt und sinnvoller eingesetzt wird als in Lehrbüchern: zum einen wegen der enormen Möglichkeiten der digitalen Bildtechnik, zum anderen wegen der Geschäftsinteressen der Hersteller.

>>Die digitale Bildtechnik eröffnet völlig neue Möglichkeiten der Aufbereitung und des Umgangs mit Lernmaterialien.<<

Interaktivität heißt unvermeidlich: Die Bilder müssen als Bilder aussagekräftig werden. Die Bilder müssen sein, nicht nur illustrieren. Die Ergebnisse, nun ja, die sind teilweise heute noch grausig. Und trotzdem hat der Computer allein durch seine Gier nach Bildern eine neue Entwicklung in der Aufbereitung und im Umgang mit Lernmaterialien eingeleitet.

## Wissensvermittlung im digitalen Zeitalter

Nach zweihundert Jahren preußischer Schule dämmert es einem Teil der Didaktiker, dass die Zeit der bürokratischen Wissensvermittlung sich allmählich ihrem Ende zuneigt.

Der Computer könnte eigentlich ein guter Weggefährte für die Reformer des Schulwesens auf ihrem äußerst langen Marsch durch den schulbürokratischen Dschungel der Bezirksregierungen, Kultusministerien und Fachgremien sein.

»Mit den neuen Medien
verändert sich nicht nur die Form, sondern auch
der Inhalt des Lernens grundlegend.«

Das haben sie also schon erreicht, die Computer und die uneingeschüchterte Liebe der Kinder zu ihnen: dass wenigstens eine Ahnung in die Büros der Kultusbeamten und Didaktiker eingezogen ist, die ihnen zuflüstert, dass sich nicht nur die Form, sondern der Inhalt von Lernen mit den neuen Medien von Grund auf verändert. Damit wird auch klar, dass der Einsatz von Computern und Internet nicht nur eine zusätzliche Motivation für die Schüler unter Beibehaltung der alten Stoffe sein wird, sondern eine umfassende Neubestimmung dessen erfordert, was Wissen, was Denken, was denkerisches Handeln überhaupt ist.

Und ein Zweites kommt hinzu. Wann immer Lernvorgänge »Inter-Aktion« sein sollen – und eben dies wird mit dem Einzug von Computern und Vernetzung in die Schulen erzwungen, ob die beteiligten Bildungspolitiker und Pädagogen es wissen oder nicht -, immer dann wird der »Stoff« *individualisiert* und *partialisiert*. Genau genommen gibt es in den vernetzten Datenbanken und in der Computer-Software nicht mehr *das* Wissen, es gibt immer nur mögliche Ausschnitte aus einem unaufhörlich sich vermehrenden und umwälzenden Wissensbestand, der als Ganzes einem Einzelnen nicht mehr zugänglich sein kann (wir können die uns verfügbaren Informationen nicht einmal *zählen*, selbst mit Hilfe digitaler Suchmaschinen nicht). Die alten schulischen Wissensformen sind angesichts der Organisation der Computer und Übertragungsmedien gar nicht aufrechtzuerhalten. Die wacheren Schüler, zumindest die älteren von ihnen, wissen das längst, und die kleineren ahnen es. Mit dem Einzug der Vernetzungen in Schule und Unterricht wird die Überständigkeit nicht nur der Methodik des Lernens, sondern ihrer Inhalte offenkundig werden.

> »Der Revolutionierung des Wissens ist die Schule in ihrer gegenwärtigen Verfassung nicht gewachsen.«

Da gibt es kein »richtig« oder »falsch«, bestenfalls ein »möglich« oder »unmöglich«, da steht am Ende einer geistigen Aufgabe keine Zensur, weil die Aufgabe gar nicht abgeschlossen werden *kann*. In einer komplexen Gleichzeitigkeit von objektiven Gegebenheiten, individuellem Handeln und ständig neu zu organisierender Informationen wird erkennbar, dass die Dinge nicht auf eine so verobjektivierte Weise zu verregeln sind, wie es die schulische Methodik bis heute unterstellt. Kurz, weit über das hinaus, was wir am Beispiel solch relativ geringfügiger Anlässe wie einer Kinderspiel-Software diskutieren, wird ersichtlich, dass eine Revolutionierung des Wissens eingesetzt hat, der die Schule in ihrer gegenwärtigen Verfassung nicht gewachsen ist.

Gut, kehren wir aber zu unserer begrenzten Themenstellung zurück und halten fest, dass Lernen allein durch die Bildansprüche und durch die Variabilität der Aufgaben dem gleichförmigen Zuschnitt entzogen wird. Im Rahmen des anspruchsvolleren Bildmediums wird heute schon mehr als deutlich, dass ein Wissen, dem man eine Zensur aufpeppen kann, gar kein Wissen und Denken ist. Sondern irgendetwas anderes. Gehorsamsleistung vielleicht. Normerfüllung möglicherweise. Fleißnachweis, bestenfalls.

Es ist seltsam: Da musste erst eine auf Algorithmen beruhende Technik in die Lernlandschaft einziehen, um den mechanisch-formelhaften Charakter der Lerninhalte und ihrer Vermittlung aufzudecken.

»Computer ermöglichen eine Vernetzung von Denken, Handeln und Phantasie – ein qualitativer Sprung in der Wissensvermittlung.«

Das Persönlich-Phantastische, das Kinder so lieben – in jeder Geschichte, die sie lesen oder hören, sind sie selbst sofort die Helden und bleiben nur sehr unwillig in der Enge der Realität -, setzt eine besondere seelisch-intellektuelle Tätigkeit in Gang. Sie ist immer einheitlich, ganzheitlich. Sie umfasst alle Anteile einer Person. Sie lebt. Der Stoff ist nicht mehr toter Stoff, sondern kommuniziert mit dem Kind. So denken Kinder seit alters her. Und wenn ihnen die digitalen Bildräume dabei entgegenkommen und sie sogar »interagierend« zum Handeln aufrufen, dann ist dies allein schon der Form nach – also unabhängig von der Qualität – im Vergleich zum Lernstoff alter Art ein qualitativer Sprung.

## Mit Pyjama Pit das Denken lernen

Schauen wir uns gemeinsam mit unserem kleinen Kumpel *Pyjama Pit* an, wie diese Vernetzung von Denken, Phantasie und Handeln im Computerspiel aussieht.

Als Beispiel verwende ich diesmal nicht mein absolutes Lieblingsspiel, das mit *Herrn Dunkel*, sondern den »zweiten« *Pyjama Pit*, von dem ich eingangs gesprochen habe. Wieder fürchtet sich Pit, diesmal vor dem Wetter. Die CD heißt *Donner und Blitz machen mir nix*.

Da lugt natürlich die pädagogische Absicht ein bisschen aufdringlich durch – macht aber nichts. Es stört nicht weiter und verleitet manchen wohlwollenden Onkel vielleicht zum Kauf. Und das ist gut so!

Zunächst fällt auf, dass Pit zwar wieder seinen Abenteuerkoffer, den Umhang und die Taschenlampe dabei hat, aber ohne Maske ist. Wie denn das? Ich vermute, amerikanische Pädagogen haben angesichts der Heldenmaske die Stirn gerunzelt, von Gefährdungen der kindlichen Unschuldsseele gegrummelt, möglicherweise ein paar bigotte Bemerkungen über erotische Assoziationen beigefügt und schon war sie draußen – schade, denn eigentlich ist die von Zorro in die Kindercomic-Kultur eingeführte Augenmaske etwas psychisch Hochkompliziertes und für Kinder äußerst Verführerisches. Aber beim Wort Verführung zucken amerikanische wie deutsche Pädagogen und Psychologen gleichermaßen zusammen.

## Pyjama Pit betritt die Wetterfabrik

Pit stürzt sich ins Abenteuer und landet bei seiner Suche nach den Ursachen von Blitz und Donner, die ihn natürlich doch mächtig in Angst versetzen, vor einem höchst putzig verschrobenen Bau, auf dem »Wetter« steht. Die Wetterfabrik, irgendwo im himmlischen Niemandsland. Dort fühlt Pit sich gleich wie zu Hause. Der kleine Spieler am Monitor auch.

Einige raffinierte Denkaufgaben muss Pit lösen, bevor er die Wetterfabrik betreten darf. Gar nicht so einfach. Er kommt nämlich am Pförtner nicht vorbei, der lässt nur ernsthafte Wettermacher mit Aktentasche und Ausweis durch. Pit hat beides nicht. Kleine Jungen kennen sowas. Und freuen sich, wenn sie mit Pit einen Schlupfweg gefunden haben, der sie am gestrengen Pförtnerblick vorbeiführt. Clever sein und die formalistische Ordnung der Erwachsenen austricksen – so fängt das an. Das schaffen der kleine Pit und sein Mitspieler alles mit links, und beide sind stolz. Besser kann ein Spiel gar nicht beginnen.

Und wieder gibt es, kaum im Inneren der Wetterfabrik angekommen, eine Menge für das kleine Gehirn zu bedenken, zu prüfen, zu behalten und zu verknüpfen. Zum Beispiel die Eisfabrik. Wenn Pit einfach ohne vorher nachzudenken in sie hineinstürmt, dann fliegen ihm gleich ganze Eisbrocken um die Ohren. Das tut höllisch weh! Aua, sagen Pit und der kleine Spieler, und beide ziehen sich zurück.

Nun ist es in intelligenten Spielen so, dass rein gar nichts nur zufällig so herumsteht – nichts ist ohne Grund und ohne Bedeutung. Man wird also, sagen sich Klein-Pit und

Klein-Computerfreak, einen Weg finden müssen, um in der Anlage mit den umherfliegenden Eisklumpen entweder irgendetwas Wichtiges aufzustöbern oder durch die Anlage hindurch zu weiteren Räumen vorzudringen. Was muss also her? Ein Schutzanzug muss her. Oder ein Helm. Das merken wir uns und wenn wir, im weiteren Verlauf, tatsächlich über so einen wuchtigen gelben Bauarbeiterhelm stolpern, dann wissen wir, wozu der gut ist. Kleine Denkfiguren, kleine Trainings, zum Mutmachen, Stolzmachen, Weitermachen. Denn jetzt wird es kompliziert.

*Pyjama Pit: Donner und Blitz machen mir nix,*
*3-8 Jahre, Infogrames, empf. VK 40,- DM*
••••••••••••••••••••••••••••••••••••••••••••••••••••••••••••••

Um es gleich vorweg zu sagen. Es wird, wie in so vielen Computerspielen für Kinder, auch hier leider *zu* kompliziert. Die Aufgaben, die jetzt auf Pit zukommen, sind für ihn kaum zu bewältigen und für einen acht- oder zehnjährigen Spieler auch nicht. Und das ist sehr, sehr schade. Denn an Bildern und Einfallsreichtum, an witzigen Dialogen und einer Spiellandschaft, die einem glatt den Atem verschlägt, fehlt es auch im zweiten Pit-Abenteuer nicht.

Nur mit dem Schwierigkeitsgrad haben die Humongous-Leute, soweit ich sehe zum ersten Mal, ihre Probleme gehabt und sie nicht in den Griff bekommen. Meine kleinen Testspieler jedenfalls haben allesamt auf halber Strecke aufgegeben. Gelöst hat das Spiel bisher niemand. Ich auch nicht! Es wird vor lauter Kompliziertheit langweilig. Extrem schade. Schade deshalb, weil die Spielanlage wieder so grandios gelungen ist. (Wer hat den Humongous-Kreativen da bloß ins Handwerk gepfuscht?) Sie ist so gelungen, dass ich meine These, in guten Computerspielen würden alle Sinne und alle Anteile der kindlichen Intellektualität und sogar die »identitätsstärkenden« Bereiche des Seelischen gefördert, trotz seiner Mängel auch an diesem Spiel deutlich machen kann.

## Pyjama Pit in der Wetterfabrik

Im Wetterüberwachungsraum wird Pit von zwei älteren Damen begrüßt. So richtige Kaffeeklatschdamen. Gehetzt und hysterisch die eine, sanft und überlegen-freundlich die andere. Die hysterische richtet das Unheil an – eine knutschig lustige Episode, ich will sie nicht nacherzählen, ohne die Bilder ist sie nur halb so komisch – und natürlich soll unser Pit an allem Schuld sein. Wie das bei Kindern so ist: Sie können nicht recht unterscheiden, was sie wirklich verbockt haben und was man ihnen in die Schuhe schiebt. Pit ist schwer betrübt und will alles wieder gutmachen. Dazu braucht er vier Teile. Technische Teile. Und zwar fix. Denn die Unglücksdame hat mit ihrem aufgeregten Übereifer das Wetter weltweit in Unordnung versetzt. In Afrikas Wüsten regnet es so ausdauernd wie sonst in Wanne-Eickel, an der Nordsee scheint ununterbrochen die Sonne – was sich einfach nicht gehört –, und in Frankfurt, Hongkong und New York toben wilde Stürme. Wenn das so weitergeht, fällt die Börse ins Wasser. Eile ist angesagt.

Pit, gutgelaunt wie immer angesichts völlig undurchführbarer Aufgaben, betritt das Gelände der Wetterfabrik – das muss man gesehen haben! Ich gehe soweit zu behaupten, dass Eltern, selbst wenn sie die unnötig komplizierte Rumsucherei in der zweiten Hälfte ärgerlich finden, das Spiel allein wegen dieser mächtigen, total versponnenen Wetteranlage kaufen sollten. Erster Blick: nichts als Röhren. Die streben hierhin und dorthin, überkeuzen einander und verknäulen sich, mittendrin erheben sich kleine Glaskästen, da und dort dreht sich ein Rad, Rutschbahnen werden bei genauerem Hinsehen erkennbar, Montageanlagen – es ist ein gewaltiges Durcheinander, das ein talentierter Grafiker mit einer Zauberhand angelegt hat.

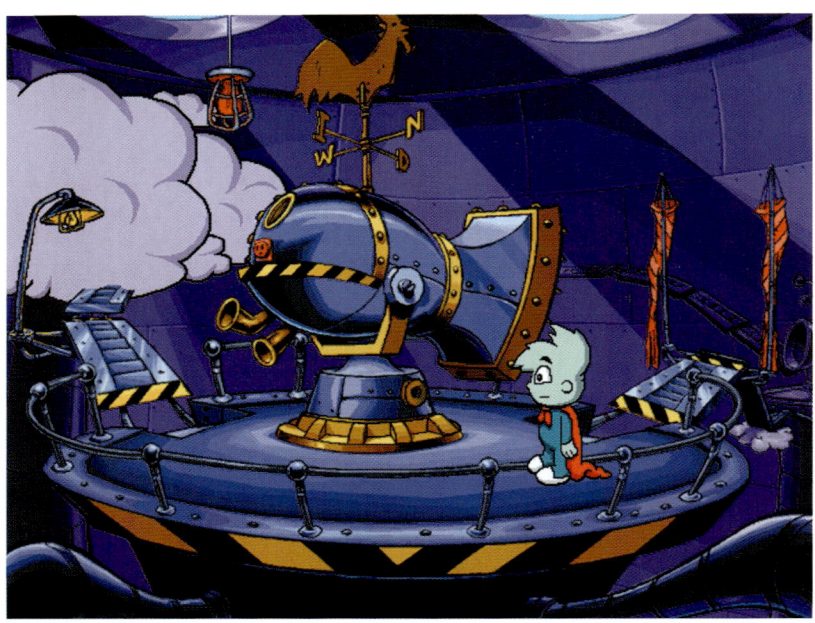

Und ganz allmählich, wenn man lange genug hinschaut, beginnt man mitten im Chaos Strukturen zu identifizieren. Und zwar so, dass mit jeder Struktur, jeder Verbindung von einem Maschinenteil zu einem anderen, der Gesamteindruck des Chaotischen sich nicht etwa auflöst, sondern weiterhin bestehen bleibt oder sich sogar vertieft. Es ist eine *Chaos-Ordnung* oder ein *geordnetes Tohuwabohu*, kurzum, eine reife geistige und zeichnerische Leistung. Eine philosophische Leistung!

Die Freude währt nicht lange. Die Zeit drängt. Pit muss eine Röhrenverbindung finden, die einer ordentlichen Fletsche – manche sagen auch »Zwille« – sehr ähnelt. Und dabei werden in der Tat alle Fähigkeiten des kleinen Spielers und Knoblers in Gang gesetzt. Das fängt schon bei der Orientierung an: Wer nicht aufpasst, rutscht vier- oder fünfmal denselben Röhrenstrang hinab und wieder herauf und merkt nicht, dass er sich gar nicht von der Stelle bewegt hat.

*Pyjama Pit: Donner und Blitz machen mir nix*

•••••••••••••••••••••••••••••••••••••••••••••••••

Unterschiede im Ähnlichen zu erkennen – »Diskriminationen« nennen es die Wahrnehmungspsychologen –, ist eine Aufgabe, die allerhand verlangt. Zugleich mit dem Sinn für räumliche Ordnung wird der Sinn für Formen und ihre Unterscheidungen gestählt. In diesem Fall ist das durchaus buchstäblich zu verstehen. Die Pointe dieses Spiels liegt eben darin, dass der kleine Pit sich in einer durch und durch mechanisierten Szenerie bewegt, in der sich das Unterscheidungsvermögen und die Erinnerungsleistungen des kleinen Spielers eben nicht an alltäglichen Dingen festmachen können, sie werden gleichsam in eine Art anschaulicher Abstraktion, in eine geometrisierte Landschaft versetzt (abstrakter Bildkunst gar nicht unähnlich) und sollen sich dort zurechtfinden.

Es gilt, auf Feinheiten zu achten. Und manchmal reicht auch das nicht. Da sieht eine Röhre wie die andere aus. Der Spieler muss sich deshalb den Weg zu einem bestimmten Ort und die Umgebung einprägen, um diesen von einem anderen, sehr, sehr ähnlichen Ort inmitten der vielen Röhrenmechanik zu unterscheiden.

»Wo war ich schon« und »wo will ich hin« ist nicht auszumachen, wenn man nicht viele kleine Anhaltspunkte und Merkbilder im Kopf aufbewahrt. Und das ergibt dann wieder eine eigentlich ganz klassische Intelligenz- beziehungsweise Gedächtnisübung.

»Das Gedächtnis trainiert man am besten,
indem man sich keine Einzelheiten merkt,
sondern den geordneten Zusammenhang begreift,
in dem die Dinge zueinander stehen.«

Gedächtnisleistungen trainiert man nach psychologischer Einsicht am besten dadurch, dass man zuerst einmal bewusst auswählt, was man behalten will, und alles andere vergisst. Gedächtnis ist immer auch »Selektion«, Auswahl, und setzt, weil ich ja Wichtiges von Unwichtigem unterscheiden muss, ein gleichzeitiges, relativ umfassendes Wahrnehmen von Gesamtzusammenhängen voraus – so kompliziert ist das! Was uns die Lernpsychologie seit Jahren verrät, erlebt der Spieler jetzt unmittelbar. Er lernt etwas sehr Wichtiges, nämlich, dass man seine Gedächtnisleistung dadurch deutlich verbessert, dass man sich die Dinge nicht im Einzelnen, sondern in einem geordneten und nachvollziehbaren Zusammenhang merkt. Oder, etwas  fachlicher formuliert, dass man sich die Dinge als Teil einer Gesamtheit einprägt, die wiederum einer bestimmten Ordnung gehorcht. Über das Erkennen und Wiederabrufen dieser Ordnung fällt das Erkennen und Wiederfinden eines je einzelnen Gegenstandes oder einer Handlung leicht. Was macht es da schon aus, dass *Pyjama Pit* nicht als Lernsoftware oder Denkschulung daherkommt. Das Spiel *ist* beides zugleich!

»Abstraktion und sinnliche Wahrnehmung
sind zwei unterschiedliche Ordnungen, die
aufeinander angewiesen sind.«

Das Sensuelle und das Topologische spielen dabei unaufhörlich ineinander. Das haben wir beim ersten Pit-Spiel schon gesehen, und hier ist es wieder so. Unterscheiden, Wahrnehmen und Erschließen des Ganzen, dadurch planmäßiges Vorgehen, Schritt für Schritt, Sequenz für Sequenz – das alles muss der kleine Spieler mit großer Konzentration beachten, sonst findet er die verloren gegangenen beziehungsweise verrutschten oder beschädigten Teile im Maschinengemenge nie und nimmer, und das Wetter bleibt für alle Ewigkeit so, wie es ist. Wer will das schon? Unaufhörlich spielen bei dieser Form des Umgangs mit den symbolischen Landschaften unmittelbar Sinnliches und Abstraktes, Planmäßiges ineinander.

Unser kleiner Spieler stellt Ordnung in der Organisation der Wahrnehmung her, kommt von dort aus zu Zwischenzielen, Zwischenstufen usw. Kurzum, er erfährt, als läse er in einem von aufgeschlossenen Psychologen verfassten Lehrbuch, dass Abstraktion und sinnliche Wahrnehmungen zwar *zweierlei* Ordnungen sind. Sie sind nicht ein und dasselbe, aber sehr wohl aufeinander angewiesen.

Nicht in diesen Worten, überhaupt nicht mit Worten, aber mit allen Sinnen und Denkleistungen und mit viel Eifer und Ehrgeiz lernt unser kleiner Spieler auf diese Weise nichts weniger als eine sehr kompetente Antwort auf die Frage: Wie organisiert man Denken und Lernen? So, auf diese Art und Weise!

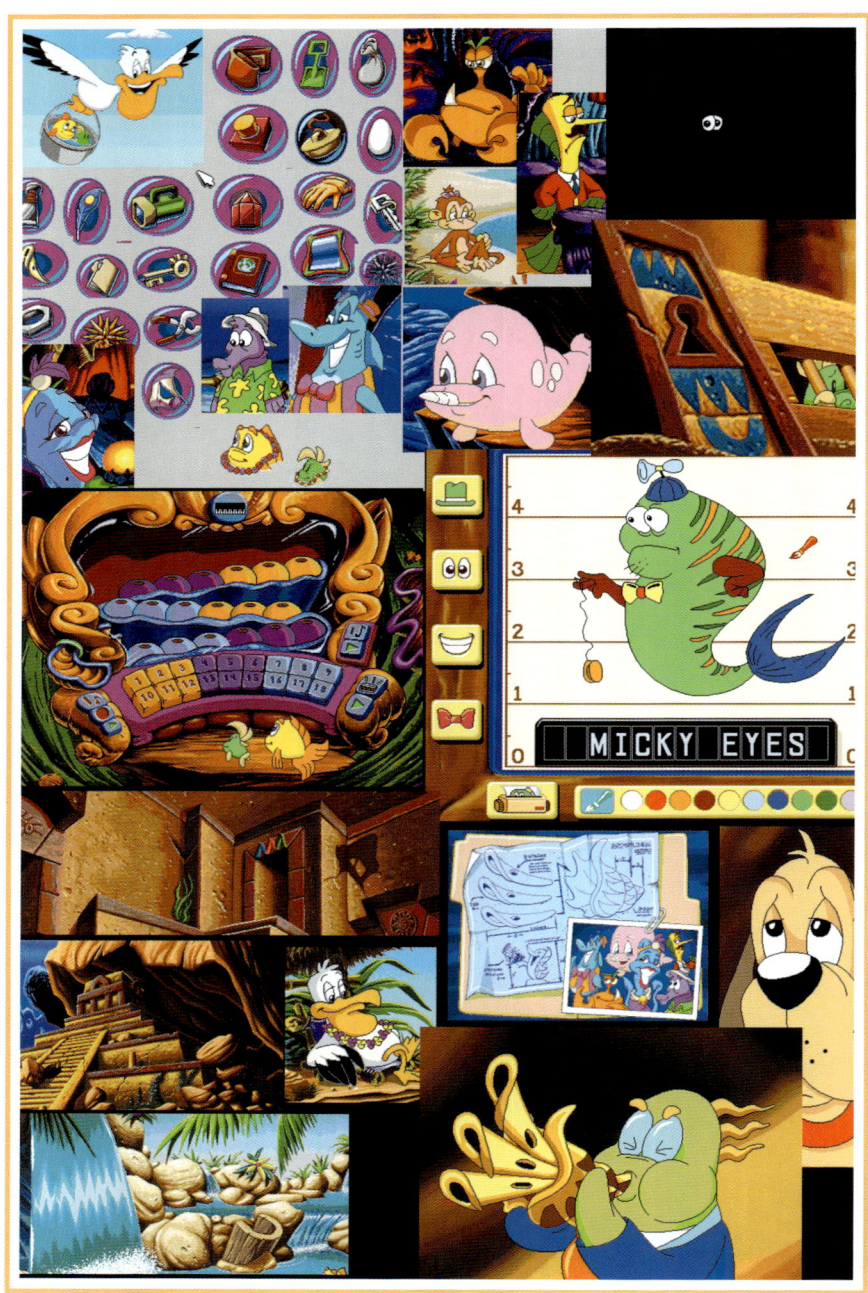

# Computerspiele – auch für lernbehinderte Kinder

Alle bisher beschriebenen Erfahrungen mit Computerspielen lassen sich auch auf die besonderen Bedürfnisse von lernbehinderten Kindern übertragen. Ein Beispiel: Ich habe heute nachmittag mit einem achtjährigen Jungen, 2. Schulklasse, *Fritzi Fisch* gespielt, noch so ein spitzenmäßiger Titel aus der genialen Humongous-Werkstatt. Der Achtjährige ist als lernbehindert eingestuft, kinderpsychiatrische Tests lassen seine intellektuelle und berufliche Zukunft ziemlich trübe erscheinen. Seine schulische auch.

Wir arbeiten, lernen, reden, quatschen und schaffen Vertrauen – zusammen. Gemeinsam. Einer für den anderen. Kinderpsychologisches Handeln ist nichts anderes als eben dies. Vertrauen schaffen! Wem das nicht gelingt, der kann noch so gut evaluierte Programme und methodisch hundertmal überprüfte Therapie-Bausteine in seinem Schreibtisch haben, er wird weder dem Kind noch sich selbst helfen können.

*Fritzi Fisch* ist nur eines unserer Spiele – wir haben auch andere, auch Tischspiele. Aber von allen Spielen ist uns *Fritzi Fisch* zurzeit das liebste. Und es ist, denke ich, gut geeignet, um zu veranschaulichen, welche Denk- und Lernvorgänge in einem achtjährigen Kind vor sich gehen, wenn es mit *Fritzi* und *Lukas* tief drunten, in einem phantasiereichen Ozeanland, Abenteuer besteht. Denn *Fritzi* ist natürlich ein Fisch, knallgelb und, nebenbei bemerkt, ein Mädchen – und das erscheint mir wie ein modischer Tribut an, na, was weiß ich: den Zeitgeist, die emanzipierte Mutter des Chefdesigners, den pädagogischen Beirat der Humongous-Gruppe? *Fritzi* ist jedenfalls der King (oder die Queen), *Lukas* ist sein bester Freund.

Die Unterweltlandschaft hat ähnlich, wie es bei Pyjama Pit der Fall ist, viele Etagen, Wege, Spielorte. Man verliert ganz leicht, das gehört zum Spielspaß, den orientierenden Überblick.

## Fritzi Fisch und die gestohlene Trompetenschnecke

Fritzi und ihr kleiner Freund Lukas wollen Onkel Bennys Unschuld beweisen, er wird beschuldigt, die legendäre Supertrompete gestohlen zu haben. Die beiden müssen drei goldene Pfeile finden, damit der Hund von Onkel Benny die Spur des Diebes aufnehmen kann. Es ist ein Spiel, bei dem man scharf kombinieren muss. Der Tourist, der miese Krebs, die Schauspielerin, der Schneider oder vielleicht der kleine Wal kommen als Dieb in Frage. Wenn Ihr die drei Pfeile gefunden habt, bringt Euch der Hund zu einem alten

Tempel. Dort begeht Lukas leider einen großen Fehler. Er berührt den glitzernden Stein und wird eingesperrt. Fritzi muss ihn erst einmal befreien.

Findet ihr den richtigen Stein, dann bekommt ihr den Schlüssel für das Gefängnistor! Danach ist es dann ziemlich leicht, mit einem Gegenstand, der im Tempel war, den Täter zu überführen und Onkel Bennys Unschuld zu beweisen.

**Michelle Laskes Lieblingsspiel (13 Jahre)**

*Fritzi Fisch 3: Der Fall der gestohlenen Trompetenschnecke,*
*3-8 Jahre, Infogrames, empf. VK 40,- DM*

# Mit Fritzi Fisch in der Schule

Unser Spiel, das wir heute nachmittag bis etwa zur Hälfte gelöst und durchgespielt haben, beginnt in der Schule. Kein verheißungsvoller Anfang, aber zumindest, was die Schule betrifft, scheint unter Wasser die Welt noch in Ordnung zu sein. Allein das Schulgebäude ist eine kleine Augenweide. Ein schief dahingezimmertes Bretterhäuschen, an dessen Eingang in krakeliger Schrift »Schule« steht, so ein richtiges Butzenhaus, ganz ohne Beton und Glas; dass beamtete Lehrerinnen und Lehrer dort kultusbürokratische Lehrpläne durchpauken, ist eher unwahrscheinlich.

Es ist eben eine *richtige* Schule. Einer, der man von außen ansieht, dass man in ihr viel Spaß und manchmal Kummer hat und Lesen, Schreiben und Rechnen lernt – einen Lehrplan mit Rahmenrichtlinien braucht man dafür eigentlich nicht.

Heute fällt die Schule aus! Die kleinen Fischschüler haben sich unter den Bänken versteckt – auch so schief verschrobene Möbelstücke, auf denen kein Mensch und kein Fisch gerade sitzen könnte und wohl auch nicht muss. Bänke zum Draufrumrutschen, so sehen sie aus: sympathische Bänke. Aber die »Fischlinge« sitzen heute nicht, rutschen nicht und lernen nicht – sie haben Angst.

Fritzi hat nie Angst. Mein kleiner achtjähriger Simon bemerkt es sofort und fühlt: Ich habe auch keine Angst, nie!, und grinst. Er wird den eingeschüchterten Fischschülern schon helfen! Ihm fällt ganz bestimmt etwas ein. Man sieht es ihm an. Er ist ganz und gar zu jeder Konzentration und geistigen Anstrengung bereit. Seine Augen glänzen. Es gibt für mich also keinen Grund, den Zeigefinger auf den Monitor zu legen und mit ernster Stimme zu sagen: »Pass doch mal auf, sieh mal hier...« Oder: »Wenn du nicht willst, hat es keinen Zweck.« Keinen Grund!

Also, was ist passiert? Was hat den kleinen Fischschülern Angst gemacht, und der Lehrerin auch. Ein Gespenst wars! Ein grausiges. Mit »huhu« und »hoho« (ein knallbonbonrosafarbener Fischwinzling macht es nach) kam es in das Schulzimmer getobt und nahm den Kindern sämtliche Spielsachen weg. Puppe, Papier, Heldenfiguren, Bleistifte, Gummimonster – was man halt so für einen guten Unterricht benötigt. Alles weggegrabscht. Und dann ist das Gespenst, huhuhoho, verschwunden. Wie sollen die kleinen Fische denn jetzt das Einmaleins und das Alphabet lernen? Ohne Gummimonster und ohne Papier?

Im Hintergrund steht eine grüne Wandtafel. Leer.

## Der Tom Sawyer-Effekt

Ich habe es immer und immer wieder gesagt: Man muss Kindern zwischen etwa vier und zehn Jahren nur eine Möglichkeit zum Schreiben unter die Nase halten und dann sagen: »Jetzt haben wir für sowas keine Zeit!« Und schon entdecken sie ihre Vorliebe für Buchstaben und Wörter und werden ganz knurrig, wenn man sie nicht machen lässt. Simon ist da keine Ausnahme. Ich wünschte mir, unsere Lehrer würden diesen uralten *Tom Sawyer*-Effekt häufiger einsetzen. Einfach behaupten: Es macht Riesenspaß, aber du darfst nicht...! *Du* nicht! Ich schon! Der uralte menschliche »Ich-auch«-Instinkt unserer Kinder würde sich genauso heftig aufs Lesen und Schreiben oder andere sinnvolle Tätigkeiten richten, wie er sich ja sonst auch wahllos auf alles und jedes richtet, wenn wir ihnen nicht dauernd zuvorkämen und sie zu etwas anhalten würden, was sie viel lieber von sich aus täten. Das wäre eine viel geschicktere Pädagogik. Ich nenne sie die *Kleine Häwelmann*-Pädagogik.

Simon fragt also, ob man die Tafel vollschreiben könne (und dürfe). Ich sage: Dazu haben wir jetzt keine Zeit. Du siehst doch, wir sind auf Gespensterjagd. Simon sagt: Nur ganz kurz. Ich: Ausnahmsweise. Die nächste Viertelstunde schreibt er.

Man muss freilich einräumen, dass den Zeichnern eine Schiefertafel gelungen ist, die offenbar aus derselben Werkstatt stammt, die auch die Bänke und das ganze Schulgebäude gezimmert hat. Ein bisschen schief an den Rändern, nicht ganz quadratisch, aber fast. Obwohl sie ja wie alle digitalen Bilder mit präziser Mathematik zusammencomputert ist, riecht hier nichts nach Lineal, Ordnung und Penetranz. Hervorragend haben sie das hinbekommen. Eine *einladende* Schreibtafel, dezent im Hintergrund. Sie kann der Aufmerksamkeit eines Kindes gar nicht entgehen!

Wir tun also gemeinsam, was Simon so unendlich schwer fällt. Schreiben. Erst seinen Namen – der eigene Name muss immer am Anfang stehen, auch das hat unsere Grundschulpädagogik sträflich versäumt: der eigene Name als Signum des lernenden Ich – und dann eine Liste der vermissten Puppen und Monster.

Es stellt sich heraus, dass es im Unter-Wasser-Land ebenso viele Monster gibt wie in Hannover und anderswo. Wir zählen sie auf, erfinden ein paar dazu, Simon schreibt. Erst als er anfängt, die ihm bekannten Pokémon aufzuzählen, erschrickt er vor der Größe der Aufgabe (es gibt bekanntlich 150 Pokémon, und es werden immer mehr), und sagt: Spielen wir jetzt weiter?

· · · · · · · · · · · · · · · · · · · · · · · · · · · · · · · · · · · · · · · · · · · · · · · · · · · · · ·

### Pokémon Spielefakten

Was ist Pokémon?

Pokémon ist ein Spiel, in dem 150 verschiedene Wesen auftauchen. Diese Wesen heißen Pokémon (Abkürzung für

Pocket Monster). Fast jedes Pokémon hat Schwächen und Stärken. Man fängt als kleiner Junge namens Ash (gesprochen: äsch; man kann den Namen auch ändern) in Alabastia an und will den Pfad hochgehen, doch da wird man von einem gewissen Professor Eich angehalten und soll ihm folgen. Er besitzt Pokémon; der Spieler wählt unter drei Pokémon eines aus: *Bisasam*, *Schiggy* oder *Glumanda*. Nun startet die Reise. Viele andere Pokémon kann man mit verschiedenen Arten von Bällen fangen; allerdings muss man sie vorher schwächen (außer beim Meisterball). Folgende Bälle stehen hierfür zur Verfügung: *Pokéball*; mit diesem Ball kann man Pokémon einfangen (natürlich muss man Pokémon erst schwächen, aber Achtung: nicht besiegen!). Effektiver als Pokéball ist der *Superball* (ihn kann man bei stärkeren Pokémon einsetzen, die man auch nur schwächen und nicht besiegen darf!). Die Steigerung des Superballs ist der *Hyperball*. Den *Safariball* darf man nur in der Safari-Zone (unterhalb von Fuchsania City) einsetzen. Leider kann man hier keine anderen Bälle einsetzen, aber auch hier gilt: nur schwächen, nicht besiegen! Der beste Ball der Pokémon-Welt ist der *Meisterball*! Mit ihm kann man Pokémon gleich beim ersten Versuch fangen. Für die Geister-Pokémon braucht man allerdings noch das Silph Scope, das man in

Prismania City erhält, die Stadt mit dem großen Einkaufszentrum. Geht in die Rocket-Spielhalle, drückt den Schalter, der sich hinter dem Poster befindet, und geht in den Keller. Hier wartet ein großes Labyrinth auf euch! Den Liftöffner erhält man von einem Mitarbeiter des Team Rocket. Fahrt in das richtige Stockwerk, und besiegt Giovanni! Von ihm erhaltet ihr das Silph Scope!

### Und die Aufgabe?

Die Aufgabe ist es, weltbester Pokémon-Trainer zu werden! Das ist gar nicht so einfach, denn es warten viele Herausforderungen auf dich! Auf den Pfaden, die acht Arenaleiter, die Top Vier und euer ständiger Widersacher Gary! Auch nach allen Siegen steht immer noch eine große Herausforderung vor euch: Schnappt euch alle 150 Pokémon! Um dieses Ziel zu erreichen, müsst ihr eure Pokémon sogar mit *Game Boy*-Besitzern der anderen Edition tauschen!

### Items

Unter anderem kann man auch Items finden und kaufen: Getränke, Bälle, Sonderbonbons, TMs, VMs und vieles mehr! Und sie sind alle nützlich!

### Seltene Pokémon

Es gibt 5 sehr seltene Pokémon: Mewtu, Relaxo, Arktos, Zapdos und Lavados. Relaxo begegnet man nur zweimal im Spiel, den anderen nur einmal.

### Pension

In Azuria City muss man nach unten gehen und den Busch zerschneiden. Dann muss man noch weiter nach unten gehen und man entdeckt ein Haus. Geht hinein, und gebt ein Pokémon ab. Kommt später wieder, und holt euren Pokémon wieder ab. Es wurde mittlerweile trainiert und hat einen neuen Level erreicht. Das hat einen kleinen Nachteil, denn es kostet Geld – aber nicht viel.

### Namenbewerter

In Lavandia gibt es einen Namenbewerter. Bei ihm könnt Ihr euren Pokémon jederzeit neue Namen geben (Achtung: Bei Pokémon, die schon Spitznamen haben, könnt ihr keine neuen eingeben).

### Tipps und Tricks

*99 Meisterbälle:* Ihr benötigt: Ein Pokémon, das die VM Surfer beherrscht und ein Pokémon, das die VM Fliegen beherrscht. Nachdem Ihr vom Präsidenten den Meisterball bekommen habt, setzt Ihr den Meisterball an die 6. Stelle eurer Items.

Fliegt nach Vertania City und redet mit dem Mann, der kurz vor der Route 2 in Vertania City hin- und herläuft. Beantwortet seine Frage mit Nein und fliegt dann zu der Zinnoberinsel.

Schwimmt dann an der rechten Küste hin und her. Bald darauf erscheint ein Pokémon auf einem sehr hohen Level. Habt Ihr es besiegt, müsst ihr weiter herumschwimmen. Dann erscheint ein komisches x ´M oder ein MISSINGNO. Diese beiden Pokémon sind leicht mit

der Attacke STERNSCHAUER zu besiegen. Habt Ihr sie besiegt, habt ihr über 99 Meisterbälle (Ihr könnt den Trick auch mit anderen Items machen: Setzt einfach das gewünschte Item auf die 6. Stelle eurer Items, und probiert das Ganze noch einmal, nur ohne den Meisterball)!

*Pokémon (Rote Edition / Blaue Edition),*
*6-14 Jahre, Nintendo, empf. VK 69,95 DM*

Ich sage: Wer hält denn hier den Laden auf, du oder ich?

Ich, sagt Simon und freut sich.

Und dann erst – ich schwörs: erst *dann*, als ihn die Lust am Schreiben verlassen hat, fällt ihm auf, dass er soeben eine moralisch hochwertige und also höchst unangenehme Arbeit bewältigt hat und will sich nun wenigstens sein Lob abholen. Er fragt: Gut gemacht? Glänzend, sage ich.

Fritzi geht es wie Simon, er nimmt den Mund gern voll. *Sie* nimmt den Mund gern voll, Entschuldigung (sie benimmt sich aber haarscharf so, als sei sie ein Junge, und das sage ich im Angesicht einer Pädagogik, die gern behauptet, dass kleine Jungen und Mädchen gar nicht so sehr unterschiedlich in ihren Wünschen, Träumen und Spielen seien, sondern nur so erzogen würden – das stimmt aber nicht!). Fritzi sagt: Wir werden das Gespenst schon kriegen und ihm alle Spielsachen wieder abnehmen. Fritzi hat einen Plan, der prompt auf dem Monitor erscheint, und etwas konfus wirkt. Fritzi, so erfahren wir, plant eine Gespensterfalle. Dazu benötigt sie die abgelegensten Dinge, zum Beispiel ein Rad, eine Seilrolle, einen Dreizack und ein Steuer.

Lauter viel versprechende Dinge. Simon staunt, den Mund halb offen. Er prägt sich jede Einzelheit ein. Er wird jedes benötigte Teil aus dem auf vier Etagen verteilten Chaos des Unterwasser-Mülls aufstöbern. Man sieht es jetzt schon!

Er wird Formen – künstliche, beinahe abstrakte – identifizieren, er wird die Formgestalt aus dem »Wahrnehmungshintergrund« (so spricht die Psychologie nun mal!)

67

»isolieren« und erkennen, er wird alles aufsammeln, Schritt für Schritt, und er wird am Schluss die identifizierten und erinnerten Gegenstände in einen neuen, kreativen Zusammenhang stellen.

Simon wird, mit anderen Worten, genau das tun, was die pädagogischen und psychologischen Wissenschaften als sinnvoll und wünschenswert ansehen. Gut, dass er das nicht weiß. Es würde ihm den Spaß verderben.

Aber wir wissen es, ich, während ich neben Simon sitze, weiß es. Ich denke, während ich ihm zuschaue und mich an seinem Eifer freue, wie unsinnig und besserwisserisch es wäre, wenn wir Psychologen und Pädagogen auf diese offenkundig ursprüngliche Quelle der Freude am intelligenten Umgang mit Symbolen und Symbolzusammenhängen verzichten würden.

## Vom falschen Umgang mit lernbehinderten Kindern

Lernbehindert zu sein bedeutet für die allermeisten Kinder, dass sie zusätzlich Konzentrationsschwächen haben, was ja auch kein Wunder ist. Sie machen vom ersten Schuljahr an die Erfahrung, dass sie bei allem, was Buchstaben und Schrift betrifft (andere Kinder machen dieselben Erfahrungen bei Zahl und Menge) nicht mithalten können.

Sechs Jahre lang sind sie mit einem ganz soliden selbstverständlichen Selbstbewusstsein aufgewachsen, wie andere Kinder auch. Und nun auf einmal, kaum haben sie mit der Schule begonnen, fallen sie wieder und wieder in ein schwarzes Loch. Dieses dunkel-bedrohliche Loch, das ganz allmählich ihr Selbstbewusstsein zerfrisst, heißt: Ich kann nicht! Ich kann nicht das, was alle anderen können. Ich bin dümmer. Und, was genauso schlimm ist: Ich bin anders.

Lerngestörte Kinder leiden an beidem. Am Anders-Sein vielleicht noch mehr als an dem (natürlich ungerechtfertigten) Gefühl, dumm zu sein, stupide, blöd, beschränkt. Wir

Erwachsenen bekräftigen sie in ihren negativen Selbstbildern meist. Viele Lehrer tun es. Ich begegne zu meinem Entsetzen immer wieder Geschichten, in denen Lehrer Spott und Verachtung über lerngestörte oder legasthenische Kinder ausschütten. Natürlich lachen die anderen Kinder mit. Natürlich höhnen und spotten sie dann auch. Sie wissen es ja nicht besser. Und viele Eltern verstärken aus wohlmeinenden Motiven die verdunkelten Selbstgefühle der Kleinen zusätzlich. Sie wollen nur das Beste, sie wollen ihnen helfen. Sie lernen am Nachmittag, oft stundenlang, mit ihrem Kind, sie schleppen es vom schulpsychologischen Dienst zum Kinesiologen und von dort zum Kinderpsychiater usw.

Und alles, jede einzelne dieser teils sinnvollen, teils notwendigen, teils unnützen Bemühungen festigt in dem lernschwachen (aber keineswegs intelligenzschwachen) Kind das bohrende Bewusstsein: Ich bin anders. Und dumm bin ich auch.

---

»Lernbehinderte Kinder leiden an ihrem Anders-Sein, und die Erwachsenen verstärken dieses Gefühl unglücklicherweise noch.«

---

Man muss ja wirklich nicht erst acht Semester Psychologie studieren, um zu begreifen, dass diese Kinder Buchstaben und Schrift (oder Zahlen) meiden wie ein Eunuch schöne Frauen. Sie möchten schon gern! Aber sie können nicht. Und schließlich wollen sie auch nicht mehr.

Ich wähle diesen derben Vergleich mit Bedacht. Denn noch etwas macht diesen Kindern das Leben schwer. Das bieder-ernste erwachsene Mitgefühl. Dieses für gesunde Kinderseelen unerträgliche, geradezu penetrante: Ach, hat es der Kleine oder die Kleine schwer. Das hilft ihnen nicht. Sie werden oft, nachdem die ersten psycho-pädagogischen Bemühungen fehlgeschlagen sind entweder von morgens bis abends getrietzt und zum Lernen, zum Üben, zum

Schönschreiben und sonstwas gezwungen oder – was eben auch nicht viel besser ist – in eine warme, dicke Decke der allseitigen Schonung eingehüllt. Beides ist falsch. Beides ist von Übel. Sie wollen ja lesen können. Wie die anderen. Sie wollen teilhaben an der Welt der Schrift und der anderen Symbole. Sie wollen mitreden, wenn von Büchern die Rede ist (das geschieht auch unter modernen Kindern immer mal wieder). Sie wollen Harry Potter genauso gut kennen wie alle anderen auch. Und in verbotenen Büchern schmökern. Nicht nur Bilder gucken. Das alles wollen sie, und ihr Wille ist anfangs noch kräftig. Schonung schwächt ihn nur. Schonung bestätigt nur das, was sie am meisten fürchten: das Anders-Sein.

»Lernbehinderte Kinder brauchen weder Mitgefühl noch Schonung, denn es bestärkt die Kinder in ihrem Gefühl des Anders-Seins und schwächt ihren Glauben in die eigene Leistungsfähigkeit.«

Also stoße ich die lerngestörten Kinder sozusagen in die Schriftwelt hinein. Ich helfe ihnen dabei, ihre Furcht und ihr Vermeidungsverhalten (noch ein Wort aus der Psychologen-Literatur) zu überspringen und auf Dauer zu überwinden. Ich konfrontiere sie mit dem, was sie nicht können, aber können wollen. Ich treibe sie an, und sie honorieren es. Sie sind, wenn sie dann doch gelesen oder geschrieben haben, stolz auf die geleistete Anstrengung. Ihr Resultat. *Ihre* Arbeit. Zum ersten Mal seit langer Zeit wieder stolz.

»Computerspiele helfen lernbehinderten Kindern, die Last des Alltags beiseite zu schieben und in einer Phantasiewelt ihre Schwächen zu überwinden.«

Diese kleine Abschweifung habe ich mir erlaubt, weil sie notwendig ist, um zu begreifen, wie bedeutungsvoll der Umgang mit Computer und Computerspielen gerade für diese Kinder sein kann. Zunächst ist der Computer – das Innere seines Bildraumes – etwas wie eine neue Welt. Ein neuer Anfang. Ein kleines Stück ist die bedrückende Realität zur Seite gerückt. Der Computerraum ist eine kleine, in sich geschlossene phantastische Möglichkeitswelt. Hier ist ja so vieles »möglich«. Der Realitätsbezug ist in vielen Computerspielen nur sehr schwach ausgeprägt. In manchen wird Realität bewusst ausgeblendet und es entsteht eine eigenwillige Zwischenrealität. Irgendwo zwischen Phantasie oder Traum und Wirklichkeit. Dieses einmal-weg-vom-Wirklichen schiebt auch einen Teil der Lese- und Schreibangst zur Seite.

Die krumme Schiefertafel in Fritzis Unterwasserschule hat mit der realen Schultafel in Simons Schule eigentlich sehr wenig gemeinsam. In dieser kunterbunten Cyberwelt ist alles anders als im realen Leben. Leichter, beweglicher, gleitender. Wie Fritzis Bewegungen von einem Spielort zum anderen. Ganz rasch und mühelos. Hier hat Simon wenig Angst. Vielleicht gar keine.

Er taucht mit einem gewissen seelischen Aufatmen, mit einer gewissen Befreiung in die phantastische Symbolwelt ein, die zwar nicht wirklich ist, aber doch mit tausend Details vor seinen Augen entsteht und sich verändert und für die Zeitdauer, die er in ihr verweilt, eine ganz eigene Bedeutung für sich beansprucht. Hier traut sich auch ein Simon, an eine Tafel zu schreiben.

————————

»In der Cyberwelt mit ihren eigenen Gesetzen
traut sich auch eine lernbehindertes Kind
das Lesen und Schreiben zu.«

————————

Mit der Maus bewegt er die Kreide, die er aus dem »Menü« holt, mit leichten, glatten Bewegungen schreibt er, wie ich erzählt habe, erst seinen Namen auf die grüne Tafel und ist sehr stolz darauf, dass in dieser Kunstwelt nun plötzlich sein Name auftaucht und dort auch stehen bleiben soll (wir werden den Spielstand mit seinem Namen natürlich speichern; der *bleibt*!), und dann schreibt er all die vermissten Gegenstände der Reihe nach auf und zuletzt seine Ermunterung an die verschreckten Schüler: Keine Angst vor dem Gespenst! Er schreibt es nicht ganz so, leider, wie es den Regeln entspricht, sondern mit seinen eigentümlichen Fehlern, aber die Unterwasserwelt im Cyberraum ist eben eine ganz andere Welt mit ganz anderen Gesetzmäßigkeiten. Was heißt hier schon Fehler? Hier, wo alles und jedes möglich ist? Vielleicht gibt es hier gar keine Fehler?

## Computerwelt und Alltagswelt

Ich will in diesem Zusammenhang noch einmal so nachdrücklich wie möglich auf zwei Aspekte hinweisen, die mir teilweise zu erklären scheinen, warum schwierige Kinder im Cyberraum weniger Angst, weniger Hemmungen, weniger Verdrängungen zeigen als im Realen. Das hat wohl tatsächlich damit zu tun, dass die Computerspiele Erlebnisräume eröffnen, die in gewissem Umfang »kontingent« sind. Die also einen ganz eigenen Charakter, eine eigene Bedeutungsebene, eine eigene Wirklichkeit hervorrufen. Das liegt schon in der digitalen Technik begründet. Die Bilder selber sind Konstruktionen. Diese Tatsache verleiht ihnen selbst dann einen seltsamen künstlichen Flair, wenn sie ganz reale Objekte darstellen sollen. Sogar die Simulationen, die für Industriezwecke oder für Architekturbüros entwickelt wurden, haben trotz ihres sehr funktionalen Zwecks dieses ausgeprägte Moment einer Künstlichkeit, die an Träume erinnert.

Und eben diese eigene Realität, dieser seelische Zwischenraum, macht den schwierigen Kindern Mut. Denn jedes »reale« Heft, das sie aufschlagen, erinnert sie an viele vorausgehende Hefte, die sie aufgeschlagen und in die sie zu schreiben

Diese VHS Video Cassette ist nur für den Gebrauch
mit **VHS** Videorecordern bestimmt.

## Hinweise

Um eine optimale Leistung Ihrer Video Cassette zu erzielen,
beachten Sie bitte die folgenden Hinweise:

• Vermeiden Sie direkten Kontakt mit dem Video-Band und
versuchen Sie nicht, die Cassette zu zerlegen.

• Versuchen Sie niemals, das Band zu schneiden. Es kann
dadurch beschädigt werden.

## Unabsichtliches Löschen

Um unabsichtliches Löschen zu vermeiden, brechen Sie das
Sicherungsplättchen auf der Rückseite heraus. Wollen Sie
später wieder neu aufnehmen, so überkleben Sie einfach die
Öffnung mit einem Stück Klebeband.

## Vorsichtsmaßnahmen beim Aufbewahren

• Spulen Sie das Video-Band zurück, bevor Sie es lagern.
• Legen Sie die Cassette immer in die Schutzhülle zurück, und
bewahren Sie diese senkrecht auf.
• Vermeiden Sie die Aufbewahrung an einem staubigen oder
schmutzigen Platz.
• Vermeiden Sie Feuchtigkeit. Wird das Band längere Zeit
Feuchtigkeit ausgesetzt, kann es beschädigt werden.
• Setzen Sie das Band nicht direkter Sonnenbestrahlung oder
Hitze aus.
• Halten Sie die Cassetten fern von starken Magnetfeldern
(Motoren, Transformatoren, Magneten usw.)

Die KODAK Video Cassetten bestehen aus
umweltverträglichen Materialien. Sollten wider
Erwarten Cassetten in den Hausmüll gelangen, so
sind bei der Entsorgung keine Probleme zu erwarten.

S 6400 64557

Kodak ist ein Warenzeichen

**EASTMAN KODAK COMPANY • Rochester, N.Y. 14650**

©Eastman Kodak Company

versucht haben, erinnert an Niederlagen, Bemühung und Scheitern, vielleicht an Spott. Psychologisch gesprochen, löst jedes Objekt, das mit Schule, mit Lernen, mit Lesen zu tun hat, eine Assoziationskette aus, die sich sofort schwer und buchstäblich niederdrückend auf die kindliche Seele legt.

Der realitätsferne Charakter, den die Computerspiele signalisieren, nimmt diesen negativen Assoziationsketten einen guten Teil ihrer Kraft. Die stellen sich innerhalb der digitalen Welt nicht mehr oder jedenfalls nicht so mechanisch ein, sie sind hier längst nicht so *unabweisbar* wie im Realen. Die Kinder »versuchen es« am Computer einfach noch einmal! Und dadurch gewinnt der erwachsene Betreuer kostbare Zeit, um die negativen Erinnerungen zurückzudrängen und nun, beim Schreiben oder Rechnen im Computer, andere, positive Erfahrungen an ihre Stelle zu setzen. Wenn das auch nur in Ansätzen gelingt, ist sehr viel geleistet.

---

»Das Gefühl, beim Spiel am Computer frei von Angst zu sein, überdauert und wird mit in den Alltag genommen.«

---

Und außerdem: Wir wissen aus der Lernpsychologie, dass das Lernen anhand von Symbolen (anders als das Lernen anhand des eigenen Körpers, anders als konkrete materialhafte Erfahrungen) eine besondere Eigenart hat: es verallgemeinert sich unmittelbar. (Das hängst damit zusammen, dass das Symbol immer eine Ebene der Reflexion anspricht, *Handeln* im Symbolischen, wie es im Computer geschieht, ist immer *aktive Selbstreflexion*.) Soll heißen, wenn ich in der Cyberwelt weniger Angst vor diesem oder jenem empfinde, und wenn es mir darüber hinaus gelingt, dort etwas zu leisten, was ich sonst nie geleistet habe, dann bleibt die Verminderung der Angst auch dann aufrechterhalten, wenn ich den Cyberspace wieder verlasse. Das schöne stolze Gefühl der Leistung bleibt! Die positive Erfahrung überdauert. Sie wächst in mein fragiles Selbst hinein.

Ich programmiere – um in der informatorischen Sprache zu bleiben – anhand der Allgemeingültigkeit der Symbole Teile meiner bislang automatisch ablaufenden Angst- und

Abwehrkette neu. Ich füge zumindest verändernde Elemente hinzu und verändere damit das Ganze. Ich präge mir damit ein anderes Gesamtbild ein. Ich bin wieder ein wenig mehr »ich«, und nicht immer nur ein Wesen, das von seinen Ängsten beherrscht wird.

---

> »Die Symbolwelt von Computerspielen hilft,
> das falsch Gelernte zu löschen und
> neu Gelerntes an seine Stelle zu setzen.«

---

Die Tatsache, dass die Computerwelt eine Welt *eindringlicher* Symbole ist, hilft uns darüber hinaus noch weiter. Im Umgang und Gebrauch von Symbolen lernen wir die Welt zu erkunden, zu verstehen und letztlich über sie zu verfügen. Im Gebrauch von Symbolen können wir aus eben diesem Grund auch leichter wieder *ver*lernen, können wir das falsch Gelernte auslöschen oder wenigstens vermindern und neu Gelerntes an seine Stelle setzen. Die Tatsache, dass es wohl nirgendwo in unserer kulturellen Welt so geschlossene und vollständige Symbolräume wie im Computer gibt, die aus Licht und Farbe, Tönen, Zeichen, Bildern bestehen, eröffnet ein denkbar intensives Feld der reflexiven und aktiven Selbsterprobung und Selbstveränderung.

Ich bin überzeugt davon, dass wir die Nützlichkeit der Computer in Pädagogik und Psychologie viel zu wenig unter dem Aspekt analysiert haben, dass sie auf einzigartig nachdrückliche Weise eine Symbol-Wirklichkeit schaffen, in der gelungene Selbsterfahrungen real und symbolisch zugleich gewonnen werden können. Insofern ähneln sie den erfolgreich in Therapien eingesetzten Rollenspielen. Nur ist das Rollenspiel der Körperrealität in vielerlei Weise verhaftet. Das Computerspiel erst ermöglicht eine weitergehende Freiheit im Umgang mit dem Realen und eine seelische und kognitive Vermengung mit dem Phantastischen. Das ist möglicherweise ein optimaler Ausgangspunkt dafür, negative Erlebnisse in ihrer seelischen »Repräsentanz« zu »löschen« – um mich für einen Augenblick wieder einer fachlichen Sprache zu bedienen – oder zumindest ihre Allgemeingültigkeit in Frage zu stellen und ihnen positive Erfahrungen entgegenzuhalten.

## Müheloser Schreiben im Computer

Schauen wir wieder auf Simon und lernen an seinem Beispiel. Einen Grund für Simons Freude am Computer haben wir verstanden, ein weiterer fällt sofort ins Auge, er ist konkreter als der erste, gehört aber in denselben Zusammenhang.

Wir haben eben von der Leichtigkeit, der Mühelosigkeit des Schreibens und Zeichnens im Computerraum gesprochen. Das ist auch ganz unmittelbar körperlich zu verstehen. Wer mit lernschwierigen Kindern arbeitet, weiß, dass sie alle eine verkrampfte Körperhaltung zeigen, sobald sie einen Stift oder einen Füller in die Finger nehmen und ein Blatt Papier vor sich sehen. Sie schreiben, als müssten sie dem Papier die Schrift geradezu aufzwingen. Und in gewissem Sinn ist es ja auch so. Nur, dass sie weniger dem unschuldigen Papier als sich selbst die Schreibtätigkeit abzuringen versuchen. Kein Wunder, dass ihnen nach wenigen Sätzen die Finger wehtun, die Schulter schmerzt und die ganze Schreiberei schon rein körperlich den Eindruck einer Zwangsveranstaltung erweckt.

Auch hier bringt der Umgang mit Maus und Tastatur eine gewisse Befreiung, bringt Leichtigkeit ins Spiel. Eine Maus kann man nicht drücken und quetschen, gegebenenfalls würde sie kaputtgehen. Einem Computer kann man keine Schrift auf den Bildschirm pressen, sie entsteht mit wenigen Bewegungen fast wie von selbst. Wie von einer unsichbaren Hand hingetupft erscheinen die Symbole, die Schriftzeichen auf dem Bildschirm. Wie immer die Körperhaltung von Menschen am Computer im Allgemeinen beschaffen sein mag, beim Schreiben und Schreiben*lernen* schafft der Computer etwas, was man ihm gar nicht zutraut: er entkrampft.

Ich habe es bereits angesprochen: Schulhefte sind für lernschwierige Kinder Benotungshefte. Bestrafungshefte. Wie oft habe ich es erlebt (und wenn wir gegenüber den acht- oder neunjährigen Schulkindern etwas sensibler wären, würde es uns allen das Herz zerreissen!), dass mir ein Kind seine Hausaufgaben oder sein Klassenarbeits- oder sonst ein Schulheft entgegenstreckt, mit verlegenem Grinsen. Ich schlage es auf, und mir strömt geradezu eine Springflut an roter Farbe (eine Signalfarbe, die Lehrer aus unerfindlichen Gründen bevorzugen) entgegen: Fehler, falsch gemacht, »Du musst lernen ... dich besser zu konzentrieren, leserlich zu schreiben, deine Hausaufgaben regelmäßig zu erledigen« und danach gleich wieder

»falsch«, »wiederholter Fehler«. Allesamt Zeichen drohenden Unheils für jedes Kind. Du wurdest geprüft, und du hast die Prüfung nicht bestanden. Und morgen und übermorgen wirst du wieder geprüft, und du wirst wieder nicht bestehen.

Und im Computer? Da sind es zwar dieselben Schriftzeichen, aber es ist trotzdem eine andere Schrift. So, wie sie locker mittels der Elektronik auf den Bildschirm gezaubert worden ist, kann jeder Fehler mit Leichtigkeit ausgebessert werden.

Auch die Fehler selbst haben nicht diese gravierende Bedeutung, diese Schwere, die sie in der wirklichen Welt haben. Rote Korrekturfarben gibt es hier auch nicht. Im Internet ist es beim Chatten beispielsweise so, dass eine ganz andere Umgangsweise mit Schrift gilt. Da werden Sätze verkürzt, oder kleine Zeichen, Icons, treten an die Stelle ganzer Sätze oder Beschreibungen. Viele, sehr viele Rechtschreibfehler sind im Internet zu beobachten, und sie stören niemanden. Das ist kein Zufall!

Der Cyberspace ist eine Ausdruckswelt. Nur was als Gefühl rüberkommt, zählt. Korrektheit bedeutet nichts. Grammatik und Syntax sind im Cyberspace so nebensächlich wie in einem lebendigen Gespräch, bei dem ja auch kein Mensch auf korrekte Relativpronomen oder adverbiale Bestimmungen achtet.

> »In der Computerwelt wird absichtsvoll
> ein zwangloser Umgang mit Schrift und
> Zeichen gepflegt: Verkehrte Buchstaben und
> die Vermengung von Zahlen und Wörtern
> besitzen durchaus ihren eigenen
> ästhetischen Reiz.«

Kein Zufall auch, dass in den Grafiken, die für die neuen Technologien werben, immer wieder Schriftzüge auftauchen, in denen absichtsvoll mit typisch legasthenischen Fehlern operiert wird, das umgedrehte »e« beispielsweise oder spiegelverkehrte Sätze, Vermengung von Zahl und Wort usw. Kurz gesagt, in der Computerwelt wird ein Fehler nicht mit derselben Hartnäckigkeit bestraft wie in der realen Welt, ihm wird manchmal so gar ein gewisser ästhetischer Reiz abgewonnen, jedenfalls wiegt er nicht schwer und macht deshalb bei weitem nicht soviel Angst.

## Weniger Angst vor dem Lernen

Wenn der Computer mit im Spiel ist, sinkt die Angst vor dem Lernen — die Gründe dafür sind vielfältig. Das Phänomen selbst ist aber schon relativ lange bekannt. Es ist bereits bei der Einführung der ersten Textverarbeitungsprogramme im Unterricht beobachtet worden. Nur die Begründung, die den Pädagogen dazu einfiel, war wohl nicht richtig. Ihre Begründung lautete: Das schreibende Kind ängstigt sich deshalb am Computer weniger als vorm normalen Schreibheft, weil »der Computer weder schimpft noch straft«. Klingt plausibel, ist es aber nicht.

Ich habe schon vor fünf oder sechs Jahren in einem Aufsatz in der ZEIT auf diese Vermutung geantwortet, dass meine alte Schiefertafel in den frühen 60er-Jahren auch nicht schimpfte und nie strafte, und ich habe sie trotzdem gehasst. Nein, die Pädagogen sind wieder einmal viel zu fixiert auf ihr Grundmodell »Lob und Strafe« und versuchen deshalb jede neue Beobachtung in dieses Muster einzuordnen. Es ist aber vermutlich *das Medium selbst*, das die Unterschiede im Verhalten bewirkt.

Elektronische Bildräume schaffen eine Welt ohne Zwang zur Anpassung. Dies ist eine befreiende Erfahrung für alle Kinder.

Die weite Welt der elektronischen Bilder, der Bildräume, in die ich hineinjage, macht den Unterschied: Hier sind die Symbole in ihrer Verwendungsweise unfixiert. Hier wird mir ein andersartiger Umgang mit Symbolen, mit Grafik und Schrift abgefordert. Vor mir öffnet sich ein Bildraum, den ich noch gar nicht abschätzen kann, der wenig oder gar nicht verregelt ist. Der ein Maß des Nicht-Angepassten verspricht, das für die lernschwierigen und vermutlich für alle Kinder befreiend wirkt.

# Der Cyberspace
# ist ein Raum der Möglichkeiten

Simon auf Gespensterjagd. Er muss sich ganz erheblich anstrengen, denn die Rätsel, die er lösen muss, um die für die Gespensterfalle benötigten Gegenstände zu finden, werden immer verzwickter.

Die Humongous-Leute sind zwar ganz offenkundig sehr kinderfreundlich, aber leicht machen sie es den Kindern nicht. Sie wissen wahrscheinlich: Kinder wollen es nicht leicht haben. Kinder lieben nichts Vorgekautes, kindlich Zurechtgemachtes. Kinder lieben Schwierigkeiten. Sie müssen ihnen nur richtig präsentiert werden.

Simon jedenfalls hat schon knallrote Backen, und ich glaube kaum, das man ihn jetzt ohne Konflikte vom Computer wegbekäme. Aber das will ich auch nicht. Ich will ja, das er seinen kleinen ungeübten und eingeschüchterten Geist anstrengt, auf vielfältige Weise anstrengt, und das tut er.

### Simon geht mit Fritzi Fisch auf Entdeckungsreise

Die beiden stoßen auf das uralte Wrack, das tief auf dem Meeresgrund ruht. Verrostet, vergammelt, mit Tang und Algen überwachsen. Ein total kaputtes Bild, vor dem aber in aller Gemütsruhe der alte Käpt´n liegt und behaglich seine Pfeife schmaucht. Im Cyberspace lässt man sich eben nicht so leicht aus der Ruhe bringen.

Käpt´n Cliver kann sogar singen, wenn man ihn zum richtigen oder falschen Zeitpunkt anklickt, warum allerdings in einem PC-Spiel gesungen werden muss wie in einem Broadway-Musical, das wissen wahrscheinlich nur unsere amerikanischen Spieleerfinder. Oder ihre Finanziers. Verzichten wir also auf Gesang. Es gibt genug zu tun.

Jetzt gilt es, einen Knoten zu lösen, von dem der Käpt'n behauptet, er selber habe ihn im Lauf der Jahre trotz wiederholter Versuche nicht aufdröseln können. Vielleicht hat Simon Erfolg, wo der alte knurrig selbstbewusste Kapitän versagte. Wäre ja möglich!

*Fritzi Fisch 2 und das Flossengespenst,*
*3-8 Jahre, Infogrames, empf. VK 40,- DM*

Diese Aufgabe kann Simon nur lösen, wenn er sich daran erinnert, dass er in einem anderen Spielsegment, auf einer anderen Spielebene, in einer total unaufgeräumten Abstellkammer, etwas gesehen hat: ein altes Büchlein. Wieder – das ist eine Grundidee, ein elementarer »Topos« in den Adventure-Spielen für die Kleinen genauso wie für die Größeren – stoßen wir auf folgende *Wahrnehmungs*anforderung: Aus dem haufenweise herumliegenden Gerümpel gilt es, dieses eine funktionale Detail zu unterscheiden, das ist das Erste; sich dieser Unterscheidung zu erinnern, das Zweite; und schließlich Buch und Knoten intuitiv in einen Zusammenhang stellen, das ist das Dritte. So kompliziert wird hier gedacht. »Diskriminieren«, unterscheiden, das Wesentliche erinnern, Verschiedenartiges, an verschiedenen Orten Gelagertes zusammendenken und zusammenbringen.

Simon hat das längst verstanden. Nun heißt es, bei aller geistig-seelischen Anstrengung ein Moment von Geduld aufzubringen, denn *Fritzi* muss ja durch allerlei Ebenen und Zwischenräume erst einmal vom Schiff zurück in die Abstellkammer. Simon muss sich also gedulden, während er *Fritzi* mit der Maus durch viele Ebenen lotst, und sich

gleichzeitig »zielorientiert« verhalten, bis *Fritzi* tatsächlich dort ankommt, wo das Buch liegt, und überprüft, ob Simons Überlegung überhaupt zutrifft. Und so ist es! *Fritzi* blättert, und es zeigt sich, dass in der grünstichigen Seemannskladde tatsächlich Knoten abgebildet sind, eine ganze Reihe von Knoten sogar, mitsamt der Anleitung, wie sie aufzulösen sind.

Jetzt gilt es, die Formen der verschiedenen Knoten zu vergleichen, Details zu unterscheiden und schließlich zwei deckungsgleiche Knoten – den im Buch und den am Schiff – zu identifizieren, dann (wieder Geduld!) zurückzuschwimmen, denselben Weg zurück, den wir eben schon aufgeregt hergekommen sind, und schließlich und endlich entsprechend der relativ logischen Anleitung im Buch den Knoten, den vertrackten, aufzudröseln.

Flutsch, macht der Knoten und springt nach dem dritten Versuch auf. Hurra, schreit *Fritzi* begeistert, und man darf annehmen, dass sie damit auch der seelischen Verfassung des kleinen Spielers Simon Ausdruck verleiht.

*Fritzi* ist nun mal ein cleveres Kerlchen, und je weiter Simon mit *Fritzi* in die Rätsel- und Aufgabenlandschaften der

Umterwasserwelt eindringt, je mehr von diesen Aufgaben Simon (oder *Fritzi*, oder beide?) lösen, je furchtloser sie der erneuten Begegnung mit dem Flossengespenst entgegensehen, desto mehr verschwimmen die Unterschiede. Ist Simon nicht genauso clever und furchtlos wie *Fritzi* und ist *Fritzi* nicht in der Tat nur deshalb schon soweit vorgedrungen, dass die Vollendung der Gespensterfalle kurz bevorsteht, weil Simon so ein aufgewecktes Köpfchen ist und eine Lösung nach der anderen findet?

Jetzt zum Beispiel schwimmt *Fritzi* ohne den geringsten Anflug von Furcht durch ein winziges Löchlein am Seitenbug in das versunkene Schiff hinein, wo sich ein schauriges Durcheinander von metallischen Geräten, klapperndem, nutzlosem Müll und anderen seltsamen Dingen auftut. *Fritzi* hat keine Angst, nein, nein, Simon auch nicht. Sie bleiben völlig cool, die beiden und entdecken – Wahrnehmungsleistung nennt das die Lernpsychologie – mitten im Gerümpel zwei nützliche Dinge. Ein Rad, das *Fritzi* und Simon bekanntlich für die Gespensterfalle benötigen, und ein Ölkännchen, das sie auch mitgehen lassen.

Schauen wir noch einmal genau hin, was da von Simon gefordert wird. Im Prinzip trainiert er jetzt zum zweiten Mal, was er beim Beschaffen des Büchleins schon geleistet hat. Ihm kommt das aber gar nicht gleichförmig, gar nicht wie »Training« vor.

Erstens: Das Rad ist absichtsvoll in matten Farben zwischen allerlei Technik-Schrott versteckt. Simon muss die gesuchte Form des Rades, so wie sie ihm zu Beginn des Spiels als Aufgabe vorgezeichnet worden ist, sehr genau im Gedächtnis haben, um dasselbe Rad jetzt wiederzuerkennen. Zweitens: Hätte Simon nicht auf einer anderen Spielebene geahnt, dass man für ein Rad möglicherweise einen Schraubenschlüssel benötigen *könnte*, und auf diese Möglichkeit hin einen scheinbar sinnlos herumliegenden Schlüssel eingesteckt, dann käme er jetzt nicht weiter. Schraubenschlüssel *und* Rad ergeben erst die Möglichkeit, das Steurrad mit der richtigen Gespensterfallen-Größe abzumontieren und einzusammeln.

Und schließlich ist es mit dem Ölkännchen so, dass Simon zu diesem Zeitpunkt wieder nicht wissen kann, wozu er es möglicherweise noch gebrauchen wird. Er nimmt es trotzdem mit. Er folgt diesmal einer ästhetischen, nicht einer logischen Information. Die ästhetische Information ist die, dass das Kännchen viel zu auffällig platziert ist, dass das Rot viel zu deutlich hervorleuchtet, um einem intelligenten Spieler nicht sofort ins Auge zu stechen. Rundum ist alles matt und grau, in blässlichen Farben, wie es sich für ein vor Jahren untergegangenes Schiff gehört. Und mittendrin das prunkende Rot eines Ölkännchens. Simon versteht das Zeichen und bereitet damit den letzten Abschnitt der Aufgabenlösung vor.

# Vom Lesen und Schreiben und Intelligenz überhaupt

Ich kann mir gut vorstellen, dass ernsthafte Menschen nun einwenden, sie hätten sich Intelligenztraining eigentlich anders vorgestellt als das, was ich am Beispiel von Simon aufgezeigt habe. Seriöser, mit Inhalten und Sinn und Ordnung. In der Tat, damit kann dieses kleine, verspielte digitale Unterwasserabenteuer nicht dienen. Aber die ernsthaften Leute haben Unrecht, was das Wesen und das Trainieren von Intelligenz angeht.

>>Intelligenz formt sich im Zusammenfügen
und Erfassen einer Situation, im exakten
Beobachten und Unterscheiden.<<

Intelligenz formt sich eben nicht über seriöse Betrachtungen zu wichtigen Themen, das ist bestenfalls eine mögliche, die formalste Stufe des menschlichen Geistes. Intelligenz formt sich vielmehr im Zusammenfügen von Zeichen, von Bedeutungsunterschieden und -parallelitäten, im intuitiven Erfassen auf der einen und exakten Beobachten und Unterscheiden auf der anderen Seite. Kurzum, Intelligenz formt sich durch und mit all dem, was Simon im Spiel experimentiert und lernt. Um diese Behauptung plausibler zu machen, schauen wir uns einmal genauer an, was ein Kind eigentlich tut, wenn es liest und schreibt beziehungsweise lesen und schreiben lernt. Wir vergessen dabei wieder nicht, dass unser kleiner Spieler Simon lernbehindert ist. Dass ihm jedes Training eigentlich erhebliche Mühe bereitet, dass ihn auf der anderen Seite jede geübte Fertigkeit, die er zum Schrifterwerb benötigt, ein Stück aus seiner Leistungsschwäche herausführt. Was für ein lernschwaches Kind gilt und an seinem Beispiel besonders auffällig wird, gilt für Kinder insgesamt.

## Wie lernen wir lesen?

Der Erwerb der elementaren (Schreib-)Fähigkeiten, die uns Erwachsenen so selbstverständlich anmuten, ist von überaus komplexer Art. Komplex in der Zusammenführung unterschiedlicher geistiger Tätigkeiten. Um einen Buchstaben und dann eine alphabetische Reihe – eine Folge von Buchstaben – zu entziffern, benötige ich als erstes ein äußerst genaues Unterscheidungsvermögen. Das *b* und das *d*, schon gar das *r* und das *s* und andere Buchstaben sind nur durch Feinheiten unterschieden.

Erst die lange Gewöhnung macht uns Erwachsenen die Unterscheidung so leicht. Wir haben sie alle mühsam ausdifferenzieren müssen.

Den Legasthenikern fällt die Feindifferenzierung schwer, die Folgen sind gravierend. Ich habe in meinen Elternabenden, um die Schwierigkeiten des kleinen Legasthenikers zu verdeutlichen, Lesebögen eingesetzt, in denen lediglich *r* und *s*, *d* und *b* vertauscht waren. Die Folge ist verblüffend: Das gesamte Schriftbild erscheint schlagartig wie verwandelt und wirkt auch auf Erwachsene wie eine Reihe von kryptischen, unverständlichen Zeichen.

Der Legastheniker muss lernen, sich durch dieses Zeichenwirrwarr hindurchzutasten. An seinem Beispiel hat man auch in der Lernpsychologie erst richtig verstehen gelernt, wie viel Mühe ein sechs- oder siebenjähriges Kind beim Entziffern der ersten Buchstaben und dann der Buchstabenfolge, aufbringt.

>»Der Zusammenhang von Wahrnehmen-Unterscheiden-Erinnern ist eine zentrale Voraussetzung, um lesen und schreiben zu lernen.«

Differenzieren und anhand der Differenzierungen wiedererkennen, identifizieren – das *ist die Schlüsselfähigkeit*, die das lesende Kind einsetzen und mühsam trainieren muss. Genau dies wird in Computerspielen mit Hilfe von *Fritzi Fisch* oder *Pyjama Pit* getan. Ich habe deshalb bereits zweimal darauf hingewiesen, wie oft der Zusammenhang von Wahrnehmen-Unterscheiden-Erinnern in guten Adventure-Spielen gefordert wird. Ohne eben diese Fähigkeiten wären diese Spiele so wenig zu lösen, wie ohne sie lesen und schreiben gelernt werden könnten. Es wird also hoffentlich deutlich, dass ein Kind mit Hilfe intelligenter Spiele auf eine unmerkliche Art und Weise für seinen Schulerfolg trainiert.

# Objektkonstanz – Voraussetzung für das Lesen

Eine zweite Wahrnehmungsvoraussetzung gehört zum Lesetraining: die Objektkonstanz. Ein Kind muss lernen, eine Buchstabenfolge zu fixieren und in immer denselben Wahrnehmungsmustern zu identifizieren.

Das klingt selbstverständlich, ist es aber nicht. Wiederum hat die Lernpsychologie aus der Beobachtung von Legasthenikern erst verstanden, wie aufwändig es ist, sich die Reihe der Buchstaben, die ein Wort ausmachen, einzuprägen. Und dies so zu tun, dass sich auf Dauer aus wenigen Buchstaben*signalen* intuitiv das gesamte Wort erschließen wird – denn anders ist flüssiges Lesen nicht möglich.

»Wenn Erwachsene lesen, entziffern
sie eine Buchstabenreihe und rufen zugleich
aus dem Gedächtnis Wortbilder ab, die sie mit der
Buchstabenreihe vergleichen – ein komplexer
Vorgang, der viel Übung erfordert und
mühsam gelernt werden muss.«

Wenn wir Erwachsenen lesen, dann folgen wir zwei verschiedenartigen Denkvorgängen gleichzeitig: Zum einen entziffern wir – so, wie es Leseanfänger tun – die Buchstabenreihe. Und zugleich rufen wir aus unserem Gedächtnis, wie aus einer Datenbank, eine Fülle von Wortbildern ab, die wir sekundenschnell mit der schon »erlesenen« Buchstabenreihe vergleichen, verwerfen oder entziffern. Dies alles geschieht rasend schnell, in Millisekunden, und während wir noch vergleichen und erkennen, entziffern wir die Buchstabenfolge noch ein Stückchen weiter, noch einen Buchstaben und noch einen, bis wir zuletzt zu einem verlässlichen Ergebnis gelangt sind und also das Gesamtwort »wissen«, das wir teils aus der Buchstabenkette, teils aus der Menge der möglichen ähnlichen Worte »gebildet« haben.

Das ist aber immer noch nicht alles. Das intuitive Abrufen der möglichen Wortbedeutungen folgt nicht nur den bereits gelesenen Buchstaben und den erinnerten Wortbildern, sondern wiederum gleichzeitig und wiederum sekundenschnell dem *Sinnzusammenhang*, in dem das zu lesende Wort steht. Was vor und hinter dem Satz steht, was in der Geschichte passiert und vieles mehr, wirkt wie ein vorgeschobener Filter, durch den wir die möglichen Wortbedeutungen hindurchlaufen lassen. So fallen schon mal eine Reihe von möglichen Worten aus. Das »Abrufen aus der Datenbank« unseres Erinnerns folgt einem sinnhaften *Vorverstehen*. Kein Mensch kann nur mechanisch *entziffern. Ohne das gleichzeitig inutitive Begreifen des *Sinns* von Satzteil zu Satzteil, blieben wir Analphabeten. Aus all diesen Gründen ergibt sich dieses seltsame Phänomen, dass uns ein Wort »vor Augen steht«, bevor wir die Reihe der Buchstaben ganz zu Ende »buchstabiert« haben.

Eben dies kann der Computer nicht, er muss Wortbilder mechanisch entsprechend bestimmter Vorinformationen abrufen, ist dabei zwar um ein Vielfaches schneller als das menschliche Gehirn, bleibt aber trotzdem in seiner Leistungsfähigkeit hinter den Menschen zurück. Darin liegt die ganze Krux der Worterkennungsprogramme, um die sich die Industrie zurzeit so heftig bemüht. Irgendwann wird der Computer voraussichtlich allein durch vermehrte mechanische Geschwindigkeit »lesen« lernen, dem Menschen bliebe es ohne differenzierendes Erinnern und Erkennen auf immer verwehrt.

Voraussetzung für alle diese komplizierten Wahrnehmungsvorgänge ist die Fähigkeit, das Wort als fest stehendes Bild, als »Form« sicher zu identifizieren. Dazu bedarf es einer frühen Vorerfahrung, die ein Mensch als Säugling und Kleinkind macht. Es ist die Erfahrung und später die Erinnerung daran, dass die Welt eine Zusammenstellung von Objekten ist, von denen jedes einzelne Objekt-Ding sozusagen ein Eigenleben hat, eine ganz eigene unverwechselbare Form, eine materielle Beständigkeit. Diese Urerfahrung wird später auch auf das Wortbild oder andere Symbole übertragen. Das klingt alles ziemlich abstrakt, und für unseren erwachsenen Verstand ist es das auch. Aber geben wir uns ruhig ein wenig Mühe, unsere Kinder müssen es im jüngsten Alter ja auch tun.

Erst, wenn das Kleinkind die Erfahrung »verinnerlicht« hat, dass die Welt außerhalb seines kleinen Ich beständig und »permanent« ist, kann es beginnen, Raum und Zeit zu erfassen. Es braucht eine gewisse Kontinuität in der Erfahrung der Objektwelt, um in einem zweiten Schritt zu begreifen, dass zwischen diesen kontinuierlichen Dingen ein beständiger Raum liegt. Ich sage es mal mit den Worten von Piaget, dem Urvater der Entwicklungspsychologie: »Eine

Welt, die aus permanenten Objekten besteht, konstituiert nicht nur eine räumliche Welt, sondern eine Welt, die der Kausalität gehorcht.«

»Frühe Sprachstörungen führen
in den meisten Fällen zu Schreibstörungen.«

Erst, wenn ein Kind diese »Objektkonstanz« verinnerlicht hat, also beständige Formen als Sinn erfasst und abzurufen vermag, erst dann kann mit dem Lesen begonnen werden.

Natürlich hilft dem Kind die Tatsache, dass es sprechen kann. Frühe Sprachstörungen führen deshalb fast immer zu Schreibproblemen. Sprache ist ja auch schon intuitive Ordnung, ich habe das eingangs am Beispiel der Entwicklungsstufen des Kindes erläutert, Sprache stellt die Dinge der Welt in einen mehr oder weniger sinnvollen Zusammenhang, aber immer in einen *Zusammenhang*. Sprache ist Erfassen von Kausalität, erst auf einem niedrigen, dann auf einem entwickelteren Niveau. Diese sprachlichen Entwicklungen hat der kleine Legastheniker ebenso durchlaufen. Aber die Einprägung der schriftlichen Form, des konstanten Wortbildes, gelingt ihm auf diese kontinuierliche Weise nicht. Aus diesem Grund beginnt er die Entzifferung eines Wortes immer ganz von vorn. Sein Lesen ist Analphabetismus, selbst dann, wenn er das Alphabet beherrscht.

Wir wissen erst seit den 70er Jahren, auf welch komplexe Weise Schreiben und Lesen und Rechnen mit Wahrnehmungsvoraussetzungen zu tun haben. Seither versucht man deshalb, Lerntraining mit Körperbeherrschung, mit einer Verbesserung des Gleichgewichtssinns und einer Verbesserung der Unterscheidungsfähigkeiten beim Sehen und Hören zu verbinden. Wo es an einer dieser Fähigkeiten mangelt, kann es kein ungestörtes (abstraktes, symbolisches) Lernen geben. Auf den förderlichen Zusammenhang dieser komplexen Lernvoraussetzungen und dem, was unsere Kinder mit dem Computer spielen, muss ich nicht noch einmal hinweisen – er liegt jetzt, denke ich, auf der Hand.

## Computer sind kein Allheilmittel

An dieser Stelle ist eine kleine Warnung, eine Einschränkung zumindest angebracht. Sie hängt wiederum mit der »Objektkonstanz« zusammen. Die mangelnden Fähigkeiten des kleinen Legasthenikers sind zunächst gehirnphysiologisch bedingt. Das führt dazu, dass ihm die Buchstaben verschwimmen, manche Legastheniker sprechen davon, dass sie um die Buchstaben wie in einem dreidimensionalen Raum herumgehen, sie von verschiedenen Seiten »sehen« und von allen Seiten gleichermaßen gut beziehungsweise schlecht »lesen« können. Das erklärt auch die seltsame Fähigkeit vieler Legastheniker, ein Wort spiegelbildlich genauso schnell und leicht zu »erlesen« wie normal abfolgende Schrift.

Der Computer betreibt hier ein gewisses Doppelspiel. Einerseits hilft er gerade den Kindern, die Probleme mit Zeichen und Schrift haben, durch die Leichtigkeit und die Variabilität seines Wahrnehmungsraumes. Darüber haben wir ja ausführlich gesprochen. Andererseits unterstützt er in gewisser Weise den Mangel des Legasthenikers und in gewisser Weise auch den der hyperaktiven Kinder, auf die wir später noch eingehend zu sprechen kommen (Legasthenie und Hyperaktivität treten nicht selten gemeinsam auf). Warum? Ich schrieb vorhin, im Cyberspace sei alles so leicht, frei, wie eine Verheißung. Das stimmt. Nun müssen wir aber aufpassen, dass diese Leichtigkeit nicht dazu führt, dass der kleine Legastheniker oder der unkonzentrierte Zappelphilipp die Leichtigkeit zum Vorwand nimmt, um nun noch ungenauer, noch flüchtiger hinzuschauen – um seine Begabung zur Schnelligkeit im Cyberraum optimal zu seinem Vorteil einzusetzen, auf Kosten der Beständigkeit der Symbole.

*Der Computer kommt der Neigung unkonzentrierter
Kinder zu schnellem Handeln und Denken entgegen
und setzt ihnen gleichzeitig wirksame Schranken,
die ihre Konzentrationsfähigkeit fördern.*

Man kann es auch so formulieren: Der Computer ist bei einer Reihe von Lernproblemen so etwas wie ein Kompromiss. Er kommt der Lust der unkonzentrierten Kinder am schnellen Handeln, am schnellen Denken entgegen. In intelligenten Spielen wird ihnen aber an einem bestimmten Punkt ein kräftiges Halt-Schild vor die Nase gesetzt. Jetzt, sagt das Schild, ist es aus mit dem Rasen und Hetzen quer durch die Lichtwelt des Cyberspace. Jetzt wird Konzentration, Aufmerksamkeit und Merkfähigkeit verlangt. Das ist in guten Spielen der Fall, zu denen die beiden, von denen wir gesprochen haben, und alle, die ich in den folgenden Kapiteln empfehle, zweifellos gehören. Aber nicht alle Spiele sind so. Die meisten »Ballerspiele«, »Ego-Shooter«, »Action« und »Jump´n Run« fördern alles in allem eher oder sogar ausschließlich die sprunghafte, atemlose, die Gestalterkennung verwischende Art des Re-Agierens. Das Schnelle und Ungenaue. Sie fördern hinderliche Anteile für die intellektelle Entwicklung eines Kindes. Das ist keine moralische, sondern eine lernpsychologische Aussage. Gut, dass es so viele bessere und ebenso spannende Spiele gibt. Wir haben Alternativen, und die sind bekanntlich sinnvoller als Verbote.

*»Es gibt keinen Grund, unsere Kinder mit
trockenen Lernübungen zu malträtieren und
ihnen gleichzeitig den kreativen Umgang mit guten,
intelligenzfördernden Computerspielen
zu verwehren.«*

Trotz dieser Einschränkung bleibt es eigentlich ein faszinierendes Phänomen, dass haargenau diejenigen »kognitiven Voraussetzungen«, die für das Lernen benötigt werden, in den guten Spielen wieder und wieder eingesetzt werden müssen. Ich weiß nicht, ob sich die Leute von Humongous und andere gute Spieleentwickler, -zeichner und -autoren jemals ernsthaft mit Lese- und Zeichentherorien, mit Wahrnehmungspsychologie befasst haben. So richtig vorstellen kann man sich das nicht. Andererseits hat es oft den Anschein. In auffällig vielen Spielen kommen, wie gesagt, exakt solche Übungen wie »sicheres formales Erkennen« und Identifizieren, die Trennung von Wahrnehmungshintergrund und »Gestalt«, dazu die Verknüpfung von Zeichen über weit auseinander liegende Spielstationen hinweg vor. Ob all das nun absichtsvoll und geplant oder eher intuitiv in die Spielwelten der Computer eingewandert ist? Letzlich ist es nicht wichtig. Wichtig ist, um es noch einmal zu sagen, dass es keinen vernünftigen Grund gibt, unsere Kinder einerseits mit meist staubtrockenen Lernübungen zu malträtieren und ihnen andererseits, wenn sie eben dasselbe mit viel Vergnügen im Computer freiwillig leisten wollen, ein großes pädagogisches Mahnschild aufzustellen, auf dem unsinnigerweise steht: Computer hindern am Lernen. Das tun sie ganz bestimmt nicht. Sie *sind*, soweit es um gute Spiele geht, Lernen.

»Alles Lernen ist Problemlösen«, schrieb Karl R. Popper, einer der bedeutendsten Philosophen des 20. Jahrhunderts. Das könnte auch als allgemeine Charakterisierung guter Computerspiele durchgehen.

# Im Cyberspace bin ich der Größte!

Es gibt noch etwas, das der Computer besser kann als irgendein anderes Medium: Aufmerksamkeit binden. Um die Motivation der kleinen Lern-Spieler brauchen wir uns nicht im Geringsten zu kümmern. *Sie ist da*! Und damit sind wir endlich wieder bei Simon.

Alle haben Angst, nur er nicht. Keiner weiß, wie das Flossengespenst zu besiegen wäre, nur er. Er ganz allein hat sich – gemeinsam mit *Fritzi* natürlich – die Gespensterfalle ausgedacht, und es besteht nicht der geringste Zweifel daran, das Simon nicht ruhen wird, bis er alle fünf der dafür benötigten Ersatzstücke gefunden und zusammengebastelt hat. So, wie *Pyjama Pit* seinem *Pyjama Man*, dem Superhelden, nacheifert, so eifert Simon seinem Kleine-Jungen-Idealbild nach, während er mit *Fritzi* und *Lukas* durch das virtuelle Gelände streift und seine geistigen und seelischen Fähigkeiten anstrengt.

## Superhelden
## befriedigen narzisstische Bedürfnisse

Ob wir in PC-Spielen für Erwachsene oder für Kinder herumstreunen, die Grundkonstellationen sind im Wesentlichen immer die gleichen. Immer und in jedem Fall gibt es einen Helden, der immer und in jedem Fall in unbekannte, unerkundete Bildlandschaften eindringt und im Verlauf seiner Abenteuer eine Fähigkeit nach der anderen erwirbt, dabei immer stärker und raffinierter – und intelligenter! – wird und sich letzlich als einzigartiger Superheld erweist. Unseren digitalen Supermann gibt es in simpler comicartiger Spielfassung für Kinder ebenso wie in einer artifizielleren, gebrochenen, ironischen oder sonstwie verschämten Art und Weise, die in den Erwachsenen-Spielen vorherrscht. Aber der seelische Effekt ist bei erwachsenen und kleineren Spielern  in jedem Fall ein und derselbe: Ich bin der Größte!

>»Ob Klein oder Groß – in jedem von uns
>lebt das Urbild des Narziss.«

Die Psychologie nennt solche Seelenregungen »narzisstisch«. Narzissmus betrifft uns alle. In jedem Menschen, auch dem besonnensten, erfahrensten, reifsten und selbstreflektiertesten, lebt das Urbild des Narziss. Es gibt verschiedene Bilder und Phantasien, in die die narzisstischen Empfindungen schlüpfen können. Die Rolle des kleinen und großen Helden, der es der Welt schon zeigen wird, ist die verbreitetste.

Wir Erwachsenen, wie gesagt, schämen uns ein wenig dafür und verstecken unsere Ich-Größenträume. Kinder haben dieses Problem nicht.

Nun ist es so, wie ich eingangs am Beispiel des kleinen Pit schon einmal angedeutet habe, dass die Computererlebnisfelder eine besondere, eine geradezu innige Affinität zu narzisstischen Gefühlen haben. Die digitale Technik ist nicht an Realität gebunden. Sie braucht keine Vorlagen, keine Modelle aus der Wirklichkeit. Sie kann sich beliebig daraus entfernen, und dennoch behalten ihre Szenerien eine gewisse Plausibilität. Natürlich gibt es auch in der Literatur Erzählungen, die nur phantastisch sind und sonst nichts. Aber sie behalten allesamt einen Rest Bindung an die »erste Realität«, an unsere Alltagswirklichkeit. Solche Unterscheidungen liegen nicht unmittelbar auf der Hand. Man muss sie sorgfältig nachzeichnen.

Der Computer verschafft den narzisstischen Gefühlen ein Stück Realitätskraft. Dass die Heroen, die überlebensgroßen, in den Adventure- und Ballerspielen, aber auch in den differenzierteren Versionen narzisstische Figuren sind, bedarf keiner weiteren Erläuterung. Auch dass sie zu selbstverliebten Identifikationen einladen, ist relativ leicht einzusehen. (Bei den Simulationsspielen ab Seite 140 werden wir darüber hinaus eine besondere Variante des Omnipotenten, Narzisstischen kennenlernen.)

### Worin unterscheiden sich die Lese-Phantasien vom Phantasma im Cyberspace?

Was ist an den Jungen- und Mädchenträumen im Buch anders als im Computer? Gar nicht leicht zu beantworten, diese Frage, aber dennoch von höchster Bedeutung. In vielen Bereichen löst die digitale Kommunikation die früher dominierende Lesekultur ab. Die Folgen sind weitreichend, aber es ist schon schwierig genug, überhaupt aufzuzeigen, was dabei im Einzelnen seelisch und geistig anders verläuft. Dazu die folgenden Anmerkungen:

Zweierlei ist anders: Erstens verläuft die Bewegung der Augen, die Organisation der Sinne, der Focus der Aufmerksamkeiten beim Spielen mit dem Computer anders als beim Lesen. Der kleine Junge, über sein Buch gebeugt, bewegt seine Augen langsam und sorgfältig von Buchstabe zu Buchstabe, von Wort zu Wort, von Zeile zu Zeile. Er erschafft aus der Enge der Schrift einen eigenen Kosmos, den seiner Phantasie.

Gleichzeitig ist er eingebunden in die strenge Logik der Schriftsymbole, die sich ordentlich und in Reih und Glied vor seinen Augen auftun. Eine innere Spannung zwischen seinen Träumen und dem Medium Buch und seiner verdichteten Form entsteht.

Wie betäubt waren wir, die kleinen Jungen in den 50er-und 60er-Jahren, wahrscheinlich die letzte Generation einer dominierenden Buchkultur, wenn wir von unseren Leseabenteuern aufstanden; wir lösten uns nur mühsam aus dem engen Raum der Buchseiten, die die enormen Weiten unserer Phantasien und Wünsche beherbergten. Doch so maßlos die Wünsche auch waren und so hoch hinaus unsere Träume auch flogen, alles ereignete sich auf den Buchseiten und in unserem Inneren nach der strikten Folgerichtigkeit, die die alphabetische Ordnung erzwang.

Wer Seiten übersprang, Kapitel ausließ, also die lineare Ordnung verließ, betrog sich um den Genuss der Leseträumereien. Denn die Erzählung brauchte die innere Konsequenz, die in der Linearität der Schrift ihre Voraussetzung hatte.

Im Computerspiel gibt es diese Ordnungen nicht. Das macht es uns so schwierig, angemessen mit ihnen umzugehen. In den Ratgebereckchen jedes besseren Magazins finden wir den an Eltern gerichteten Rat, sie mögen mit ihren Computer spielenden Kids über das Gespielte »diskutieren«. Leicht gesagt, aber kaum zu machen. Jedenfalls nicht bei den Kultspielen, nicht bei denjenigen Spielen, die das Medium voll ausschöpfen.

Über Bücher und Erzählungen kann man gut reden und diskutieren. Unsere Schrift ist eine phonetische, die Kunst des Erzählens schwingt in ihr mit und prägt ihre Logik. Die konsequente Abfolge der Schriftzeichen ist so etwas wie die äußere Form dieser Erzähler-Tradition. In derselben Form verständigen wir uns vernünftig, diskutieren »sinnvoll«.

Das Computerspiel hingegen enthält eine ganz andere Ordnung, die der Elektronik. Diese Ordnung ist *nicht* folgerichtig, nicht linear, sondern gleichzeitig. Im elektronischen Raum sind alle Motive von Anfang an da, sie werden nicht erst entwickelt. Sie haben keinen Verlauf, nur ihre Präsenz. Und die auftauchenden Figuren sind wie die simulierten Stars von *Drakan* bis *Lara Croft* nur oberflächliche Erscheinungen, einen Moment lang sind sie da und noch einen und noch einen. Aber sie bilden keine Dauer. Sie *verkörpern* nichts. Niemals werden im digitalen Spiel *Schicksale* erzählt werden. Die gehören in die Ordnung der Bücher und Schriftsätze.

Der kleine Junge vor dem Monitor, der sich spielend und schauend in imaginäre Szenerien einbinden lässt, muss immer alles im Auge haben, aus jeder Ecke, jedem Winkel und Versteck könnte jederzeit Gefahr hervorbrechen. Er muss die Gesamtheit aller Vorgänge aufnehmen, nie nur eines, nie einen Punkt, eine Figur fixieren, wie die alte Vernunft es gelehrt hat – er muss vieles gleichzeitig zur Kenntnis nehmen und zugleich daran denken, dass das Ganze, während er spielt und durch sein Spiel, unaufhörlich verändert wird.

Wer so spielen kann und will, der hat seinen Spaß nicht mehr – wie in früheren Jungenspielen – daran, dass er alles kontrolliert, dass er die »Sache im Griff« hat. Das eben nicht. Er hat vielmehr seinen Spaß daran, dass er sich reaktionsschnell und -sicher in die Weite der undurchschaubaren Bilder, der Bildkomplexe einsinken lässt und von ihnen, während er spielt, weitergetrieben, weitergetragen wird.

Jede geschickte Reaktion auf einen plötzlich und unerwartet auftauchenden Feind, jede gespannte Aufmerksamkeit auf *alles*, jede Sicherheit des Funktionierens, jede Beweglichkeit der Sinne genießt er. Und treibt auf diese Weise in die Hyper-Weite der Bilder, in die Maßlosigkeiten der Bildräume, in denen, wir wissen es, Vernunft und Moral wenig ausrichten können, weil in ihnen immer *alles* möglich ist. Nichts von dem, was immer nur »Ich« ist – das eben nicht! Sondern das »Alles-Mögliche«, das sich mit der Weite und Kälte der programmierten Bilder, mit der durchscheinenden Präsenz der Lichtpunkte vor ihm eröffnet. Dieser kleine Junge, der vor dem Monitor sitzt und Abenteuer erlebt, ist ein geistiger Nomade. Er kennt das Ende der Bildwelten so wenig wie ein Nomade die Grenzen der Wüste.

## Licht-Gestalten und Licht-Bilder

All diese Helden wirken wohl deshalb so besonders intensiv und nachhaltig, weil sie in die *Lichtszenarien* der Computer eingebunden sind. Das Licht, belehren uns die Physiker, ist zu Teilen Materie, zu anderen Teilen Energie. Und trotz solcher pyhsikalischer Erklärungen bleibt etwas Phantastisches um das Licht, das die ganz großen Denker immer fasziniert hat. »Ich werde bis zum Ende meines Lebens über das Wesen des Lichtes nachdenken«, schrieb Einstein. Er hat das Rätsel letztlich nicht gelöst.

Die digitalen Bilder sind Licht-Bilder, die Figuren und Helden sind Licht-Gestalten. Dieses feinstoffliche Medium ist durchlässig für das Phantastische und gibt ihm Raum. Das hat eine enorme Bedeutung. Ich kann hier nicht die Geschichte des Lichtes nachzeichnen. Aber sie würde uns eine Menge über die Anziehungskraft des Computer – übrigens auch des Kinos – verraten. Alle Licht-Technologien haben Traumcharakter. Zu Recht spricht man von der Traumfabrik Hollywood. Licht-Bilder mit Licht-Wesen und Licht-Objekten sind den Träumen verwandt. Sie sind real, wir erleben sie ja. Aber sie sind zugleich weit von unseren Alltagswirklichkeiten entfernt – sie sind eben aus einem anderen »Stoff«.

Und weil dies so ist, ist das Selbsterleben in den Computerspielen von so besonderer Art. Hier kann sich das Held- oder Schöpfer-Sein ohne Realitätsansprüche so richtig austoben. Selbst erwachsene Spieler finden es nicht albern, sondern »geil«, wenn sie reihenweise Feinde niedermähen, was bei vernünftiger Betrachtung einfach nur Unfug ist und sonst gar nichts.

# Im Land der unbegrenzten Möglichkeiten

Computerspiele haben eine eigenständige, eigenwillige Wirklichkeit, und wir, und erst recht das kleine unfertige Ich der Kinder, bewegen uns in ihnen wie in einem gewaltigen Möglichkeitsland. Die besten Spiele nutzen eben dieses Potenzial des phantastischen »Alles ist möglich...« konsequent aus, genauso wie die oft gewalttätigen Spiele, z.B. der »Shadowman« oder die fesche »Drakan«. Aber auch die einfallsreichere Kindersoftware spielt mit dem Phantasma. Unser kleiner *Pyjama Pit* in *Keine Angst vor dem Dunkeln* wandert ja auch, wie Sie sich erinnern, geradewegs durch den Schrank hindurch in ein Nirgendwo-Land. Und danach wird das Motiv »Nirgendwo« oder »Überall« (das es so nur in Träumen und Computerspielen geben kann) immer wieder geistreich und phantasievoll variiert. Schon der Super-Mario in den Anfängen der guten alten Nintendo-Konsolen hüpfte fortwährend in Spiegel hinein oder durch sie hindurch, um dann – ja, wo? – hinter oder im Spiegel seine Abenteuer zu bestehen. Das alte *Alice hinter den Spiegeln*-Motiv, das sich durch die ganze romantische Literatur zieht, ist in keinem Medium, auch im Film nicht, so präsent wie in den digitalen Spielen.

Sehen Sie sich die vielen Ideen, die den Spieleerfindern dazu eingefallen sind, einmal in Ruhe an. Ein pures Vergnügen, auch für Eltern! Und ein wenig Nachhilfe in Phantasie – in unbeschwerter, absichtsloser Phantasie – das kann uns allen nicht schaden.

Ich will von den vielen kleinen Phantastereien, die den kleinen *Pyjama Pit* ebenso interessant machen wie *Fritzi Fisch*, nicht allzu viel verraten, man muss sie anschauen, nein, miterleben. Aber eine Pointe, die sich bei *Pyjama Pit* ganz zum Schluss einstellt, will ich doch noch, um meine Beobachtung zu illustrieren, hinzufügen:

### Pyjama Pit trifft Herrn Dunkel

Schließlich und endlich hat Pit den Weg zu Herrn Dunkels Zimmer gefunden, vieles erlebt, vieles bewältigt, gelöst, Koffer und Maske und Taschenlampe wiedergefunden, er ist nun bereit für den Eintritt in Herrn Dunkels Zimmer. Eine verschrobene, schiefe Tür (wie immer), Pit klopft und dann tritt er energisch ein. Und befindet sich – wo?

Nun, man hätte es eigentlich ahnen können: in seinem eigenen Schlafzimmer. Das heißt, es ist *sein* Zimmer, *sein* Bett, *seine* Nachttischlampe, *sein* Sofa, und doch ist alles anders. Ein bisschen anders, windschief, unproportioniert, hier und da ein Eckchen zusätzlich, ein Schnörkelchen mehr, es handelt sich sozusagen um eine barock-allegorische Variante von *Pyjama Pits* Zimmer, das aussieht wie ein Zauberbild.

Wenn *Pyjama Pit* unter sein Bett schaut – also dorthin, wo bekanntlich nachts die schwarzen Männer liegen – dann trifft er zum zweiten Mal auf sein Zimmer. Sozusagen sein Zimmer im Zimmer (wie die russische Puppe) und darin wieder auf ein Bett und darunter wieder auf ein Zimmer... und so weiter. Das ist so eine kleine hübsche Pointe, die das Real-Irreale der Spielszenarien ironisch charakterisiert.

Im weiteren Verlauf wird das Spiel dann wieder relativ »vernünftig«, es ist jetzt wieder der uns vertrauten Phantasiewelt der Kinderliteratur ähnlich. *Pyjama Pit* geht durch den Schrank, durch den er in diese Dunkel-Welt hineingefallen war, noch einmal hindurch – wieder so eine romantische Kapriole! – und trifft nun endlich auf Herrn Dunkel. Selbstverständlich stellt sich heraus, dass Herr Dunkel eigentlich ein netter Kerl ist, dem es leider gar nicht gut geht: Er ist doch sehr einsam.

Alle Kinder müssen ins Bett, wenn´s dunkel wird. Mit wem soll Herr Dunkel also spielen? Es ist schon eine ziemliche Gemeinheit, dieses »Jetzt aber ab ins Bett, es ist ja schon dunkel«. Herrn Dunkel freut das jedenfalls nicht.

Schön, dass *Pyjama Pit* noch Zeit für eine Runde Tic Tac Toe hat, bevor er nun auch ins Bett verschwindet. So endet das Spiel auf eine friedlich-nette Weise, wie es bei Spielen für die Kleinen und für die nicht ganz so Kleinen (aber auch recht furchtsamen) ja auch sein soll: *Pyjama Pit* liegt im Bett – jetzt wieder in der *ersten* Wirklichkeit, sozusagen – und löscht versonnen das Licht. Mami ruft aus dem Nebenzimmer: »Alles in Ordnung?« Natürlich ist alles in Ordnung!

*Pyjama Pit* sagt: »Gute Nacht, Herr Dunkel.« Angst hat er nicht mehr. Nie mehr. Und Herr Dunkel blinzelt durch die halb geöffnete Schranktür zurück.

*Pyjama Pit: Keine Angst im Dunkeln*

Ich habe diese kleine Episode erzählt, um den traumähnlichen Charakter all dieser Spiele zu verdeutlichen. Hier trägt das Spiel einen versöhnlichen Charakter. Aber das ist nicht immer und nicht in allen Spielen der Fall. Wir wissen, dass viele Spiele das Phantasma ins Gewalttätige, ins Aggressive zu treiben vermögen, und das ist ein durchaus Besorgnis erregender Punkt. Denn gerade das Phantastische der digitalen Technik eröffnet den narzisstischen Gefühlen diesen enormen Plausibilitätsraum. Aus solchen Träumen kehrt man ungern in die Wirklichkeit zurück und ist in jedem Fall für eine ganze Zeit mit der Realität sehr unzufrieden. Aus solchem inneren Unfrieden kann Wut, kann Aggressivität werden, in der sich der Heldentraum dann mit anderen Mitteln ungehemmt fortspinnt. Es gibt Computerspiele, die versöhnlich sind und solche, die die Spieler unversöhnt zurücklassen. Vor den unversöhnlichen Spielen sollte man die Kinder bewahren!

## Die Motivationskraft von Computerspielen

Wenn uns nun ein wenig deutlicher vor Augen steht, warum die Computerbilder den narzisstischen Gefühlen auf so unmittelbare Weise Nahrung geben, dann haben wir auch fast schon eine Antwort auf die Frage gefunden, warum beispielsweise unser kleine Simon – und all die anderen Kids – für diese Spiele nicht ermutigt und nicht motiviert werden müssen. Der Grund liegt jetzt klar auf der Hand. Vor Simons Augen eröffnet sich eine Welt, in der er sein Größen-Ich, seinen inneren Helden nicht nur phantasieren, sondern erleben, nein, nicht nur erleben, sondern *sein* kann. »Sein« zumindest für die Zeit, die er sich im Cyberspace aufhält. Er ist, was er immer zu sein wünschte. Er erlebt, was er sonst nur in Tagträumen erlebte. Die Zwischenrealität im Computer erlaubt ihm einen bewussten Zugang zu seinen innersten Selbstbildern. Was sollte schon befriedigender sein?

Und eine weitere Eigenheit besteht eben darin, das er mit dieser Intensität, mit dieser besonderen Innigkeit der narzisstischen, selbstverliebten Gefühle all das tut, wozu wir ihn sonst kaum ermuntern können: Er lernt und erweitert seine logischen, sprachlichen, numerischen und anderen Fähigkeiten auf diese hochkonzentrierte Art und Weise, die ich beschrieben habe. Es ist mehr als eine Vermutung, wenn wir sagen, dass dieses Lernen tief und nachhaltig wirkt, dass es in alle Fasern seines Bewusstseins und seines unwillkürlichen Gedächtnisses eingeht. Und damit sind wir wieder bei Simon angelangt. Was er mit Fritzi am Ende des Spiels erlebte, muss ich noch kurz erzählen. Der Respekt vor Simons intellektueller Leistung verlangt das!

## Fritzi und Simon stellen eine Falle – sie funktioniert

Es ist durchaus eine wichtige, eine besondere Leistung, die Simon erbracht hat, wenn er zum Ende des Fritzi-Spieles nun alles beieinander hat: das Rad und die Taucherkappe, den Neptun-Dreizack und einige andere Dinge aus den Unterwasser-Trödellandschaften. Alles da? Alles da! Ein Blick auf die bildliche Darstellung der Aufgabe, die jederzeit wieder aufgerufen werden kann, bestätigt es.

Und dann geht alles ganz schnell. Vielleicht ein wenig zu schnell!

Ich könnte mir schon vorstellen, dass Simon, sonst ein besonders ungeduldiges Kind, am Ausgang seiner großen geistigen Anstrengung und versehen mit dem Stolz, alle Aufgaben gelöst zu haben, nun auch die Konzentration aufbrächte, die Gespensterfalle selber zusammenzubasteln. Aber das muten ihm die Spielemacher dann doch nicht zu. Kaum ist das allerletzte Versatzstück – in diesem Fall eine Seilrolle – herbeigeschafft, rasselt und klappert und rattert die Falle aus eigener Kraft zu einem Ganzen zusammen und vor Simons und *Fritzis* und unseren erstaunten Augen entsteht das verrückteste Gespensterfallengestell, das man sich nur vorstellen kann.

Ich kann es nicht schildern, so etwas muss man gesehen haben. Ich kann nur erwähnen, dass dabei ein Kinderwagen, der eine glitschige, algenbehängte Treppe hinunterpoltert, eine wichtige Rolle spielt, dass der schon erwähnte Neptun-Dreizack, von einer Seilrolle befördert, mitten in ein rotierendes Ziel trifft, woraufhin sich ein Käfig, ein Gerüst aus lang vergangenen Zeiten, das an einen mittelalterlichen Pranger erinnert, von der Decke löst, während gleichzeitig heulend und klappernd das Flossen-Gespenst erscheint und geradewegs in die Falle hineintappt. Und damit ist zum Schluss eben ganz klar, wer hier der Held und Gewinner ist, und wer alles in Ordnung gebracht hat.

Das Gespenst, das gar keines ist, macht niemandem mehr Angst, sondern zetert und jammert.

Ganz zum Schluss gibt es für den kleinen Spieler noch ein Stückchen Werteerziehung, die zwar etwas harmlos ausfällt, aber sehr sympathisch ist: Das böse Gespenst, beziehungsweise diese beiden verkleideten törichten Fische, die die Schulkinder das Fürchten gelehrt hatten, erleben noch eine Überraschung, diesmal eine angenehme. *Lukas* schenkt ihnen großzügig und schweren Herzens seinen *Hering-Man* (das ist die Super-Held-Variante für kleine Fische). Denn *Lukas*, *Fritzi* und unser Simon haben Mitleid mit den beiden, weil die, wie sich jetzt herausstellt, noch nie in ihrem ganzen Leben ein Spielzeug geschenkt bekommen haben. Jetzt haben sie eines, sie freuen sich. Mitgefühl mit dem unglücklichen Verlierer, das ist die letzte Botschaft des *Fritzi*-Spieles, und ein wenig Moral und Mitgefühl vorm PC schadet unseren Kleinen ja nicht!

*Fritzi Fisch 2 und das Flossengespenst*

• • • • • • • • • • • • • • • • • • • • • • • • • • • • • • • • • • • • • • • • • • • • • • • • • • •

Wir dürfen aber nicht immer nur von *Pyjama Pit* und *Fritzi Fisch* reden und dabei *Töff-Töff* übersehen. Das wäre einfach nicht fair! Deshalb möchte ich es hier kurz vorstellen. Von *Töff-Töff* sind derzeit zwei Titel auf dem Markt: *Töff-Töff rettet den Zoo* und *Töff-Töff reist durch die Zeit*.

## Töff-Töff rettet den Zoo
## Töff-Töff reist durch die Zeit

Ein Muss für alle, die Kinder, Tiere und Computer lieben

*Töff-Töff* ist, wie man sich leicht vorstellen kann, ein Auto. Je nach Belieben des Spielers ist es mal rot oder grün oder violett oder hat irgendeine andere Farbe.

*Töff-Töff* ist voller froher Erwartung, denn der Brummburger Zoo soll eröffnet werden. Pat, der knuffige Hund unbestimmter Rasse, der bei *Töff-Töff* im Chassis sitzt und dauernd jault, freut sich auch. Nun stellt sich heraus, dass der Zoowärter, so ein behäbiger Gartenarbeitskarren, der spricht und schwitzt, fünf Tierbabys hat entwischen lassen. Sie sind irgendwo im Brummburger Zoo verschwunden. Der sprechende Karren ist total verzweifelt.

Natürlich wird *Töff-Töff* ihm helfen.

Das Spiel ist wie *Pyjama Pit* angelegt, nur etwas weniger spannungsreich, etwas freundlicher, etwas kindlicher eben. Die Aufgaben sind leichter als bei *Pit* und *Fritzi*, aber so richtig kinderleicht sind sie auch nicht. Man muss schon nachdenken, grübeln und probieren, aber das Spiel hat einen sehr durchgängigen Schwierigkeitsgrad. Wenn ein Kind sich erst einmal darauf eingestellt hat, gibt es beim Lösen der Aufgaben kaum Probleme und keine Frustrationen. Die Zeichnungen sind hinreißend, die Tierbabys, die Tierpapas und -mamas zum Knutschen nett, und das Ganze wird von einer richtig originellen Musik im »World-Music-Stil« begleitet. Für Kinder, aber nicht kindisch. Motivierend, trainierend, aber nicht ehrgeizig. Lustig, aber auf eine angenehm verhaltene Art. Wer ein fünf- bis zwölfjähriges Kind und einen Computer zu Hause hat, sollte sich *Töff-Töff* nicht entgehen lassen.

Das zweite *Töff-Töff* -Spiel ist komplizierter. Es ist auch nicht ganz so packend, manchmal hat man das Gefühl, dass die eine oder andere neue Idee dem Spiel nicht geschadet hätte. Trotzdem ist es ein wunderbares Spiel für Kinder bis etwa Vierzehn. Und für verspielte Erwachsene. Für die erst recht.

*Töff-Töff* ist diesmal einem dusseligen Erfinder aufgesessen. Der hat die Zeitmaschine erfunden und bringt beim ersten Probelauf alles durcheinander. Solche Erfinder machen immer viel Wind, und zwar gleich so viel, dass *Töff-Töffs* Butterdose, seine Geschichtshausaufgaben und sogar *Pat* vom Zeitwirbelsturm ergriffen und in eine andere Zeitebene geschleudert werden.

*Töff-Töff* muss hinterher und landet im himmlischen Niemandsland vor vier Zeitpforten: Zukunft, Wildwest, Mittelalter, Vorzeit. Natürlich ist es so, dass die Hausaufgaben in einer Vitrine des Zukunftsmuseums liegen, während der Schlüssel zur Vitrine in der Schmiede des Mittelalter-Schlosses gerade erst gehämmert wird: *Töff-Töff* hat eine Menge Dinge zu erkennen und zu ahnen und sich zusammenzureimen, bis alles wieder beinander ist und er mit Buttterdose und Hausaufgaben und natürlich mit dem überglücklichen *Pat* zum vertrottelten Herrn Erfinder zurückkehren kann und, ganz zum Schluss, vor einer staunenden Klasse von Schulkameraden seine Abenteuer ausführlich zum Besten geben darf – wenn das keine Motivation allererster Ordnung ist!

Auch dieses Spiel läuft, wie es sich gehört, auf Windows und Mac, ist einfach zu bedienen und hat vier Spielvarianten.

*Töff-Töff rettet den Zoo,*
*Töff-Töff reist durch die Zeit,*
*beide ab 4 Jahre, Infogrames, empf. VK je 40,- DM*

# Verhaltens- training für hyperaktive Kinder

Ich habe gesagt, dass der Computer mit den artifizielleren, den ästhetisch anspruchsvolleren Spielen tief liegende seelische Prozesse und Wahrnehmungsvorgänge hervorruft. Das bleibt richtig! Nach meiner Erfahrung lassen sich jedoch auch bewusste, soziale Verhaltensübungen aus dem Bereich des sozial-kommunikativen Trainings mit Hilfe der PC-Spiele sehr effektiv einüben.

>>Bis zu 60% aller Kinder leiden unter einer mehr
oder weniger ausgeprägten Form von Hyperaktivität
– das haben Gespräche mit Eltern ergeben.<<

Damit sind wir nun bei den dauerhaft unkonzentrierten, den über- und hyperaktiven Kindern angelangt. Aber nicht nur bei ihnen! Konzentrations- und Aufmerksamkeitsschwäche ist zur Zeit geradezu ein modisches Schlagwort unter Lehrern und Psychologen und das nicht ohne Grund. Es geht um die so genannten »hyperaktiven« in besonderer Form, aber nach neuen Untersuchungen sind auf eine moderatere Weise bis zu 60 Prozent aller Schulkinder von diesem Problem berührt, wie man in Gesprächen mit Eltern übrigens ganz ohne empirische Forschung leicht in Erfahrung bringen kann.

Zuerst war mir in meiner kinderpsychologischen Praxis Folgendes aufgefallen: Eltern stellen ihren zehn- oder zwölf- oder vierzehnjährigen Sohn vor, überaktiv, unkonzentriert, durch nichts und niemanden auf der Welt dazu zu bewegen, sich länger als drei Minuten (Maximum!) mit Aufgaben irgendwelcher Art, schon gar nicht mit schulischen Aufgaben, zu befassen. Die Eltern sind am Ende, die Lehrer haben über den Jungen nichts Gutes zu vermelden, die Zensuren sind im Keller, sein »Sozialverhalten«, heißt es, sei miserabel, sein Ansehen bei den Mitschülern gering. Dafür ist sein Mundwerk unaufhörlich in Bewegung, und zwar lautstark, wie man sich vorstellen kann.

Ein erster Blick bestätigt die elterlichen (und schulischen) Klagen: Nur mit Mühe schafft er es, das Gespräch nicht ständig zu unterbrechen, auf dem Stuhl bleibt er keine drei Sekunden still sitzen, rutscht hin und her, steht unmotiviert auf, um sich ebenso unmotiviert wieder hinzusetzen, sogar seine Augen sind unruhig, zappeln wie der ganze Junge hin und her und scheinen nirgendwo Halt, nirgendwo einen Ruhepunkt zu finden. Allein ihm zuzuschauen ist anstrengend. Nennen wir ihn Mark.

»Hyperaktive Kinder disziplinieren sich
beim Spiel am Computer auf eine Art,
wie sie es sonst niemals tun.«

Im selben Augenblick – aber buchstäblich, in derselben Sekunde! – in dem ich Mark vor den Computer setze und ein leidlich attraktives Spiel einlege, geht eine höchst seltsame Verwandlung mit ihm vor. Von diesem Moment an und danach die nächsten ein oder auch zwei Stunden, bleibt Mark wie gebannt auf seinem Stuhl sitzen, schaukelt nicht, wackelt nicht, springt nicht auf. Mit geradezu eindringlicher Aufmerksamkeit kriecht er in die digitale Bildwelt hinein und spielt und spielt. Er schaut kaum einmal auf. Und ich rede nicht von Ballerspielen, nicht von Action pur oder dergleichen! Ich weiß, dass ein bestimmter Typus von Jungen Gewalt-Action liebt und ausdauernd bei diesen Spielen verharrt. Aber davon rede ich ausdrücklich nicht! Ich erzähle hier vielmehr von anspruchsvollen Spielen, schwierigen Spielen mit teilweise enorm komplizierten – für meinen Geschmack *zu* komplizierten – Rätseln. Ich rede von Spielen, in denen man wieder und wieder versuchen muss, die eigenartigsten Lösungen für die eigenartigsten Aufgaben zu finden, in denen man sich in Spielszenarien, die nicht den leisesten Bezug zur Wirklichkeit haben (wir haben vorhin gesehen, warum das so ist), zurechtfinden muss. Kurz, so wie Simon am Computer auf eine Art lernt, wie er sonst nie lernt, so verhalten und disziplinieren sich die überaktiven Jungen am Monitor – die Tastatur oder die Maus in der Hand – auf eine Art, wie sie es sonst niemals tun.

## Mit Manny unterwegs im Totenreich

Ich wähle, um das Verhalten von Mark zu veranschaulichen, wieder ein Spiel, das in jedem Kaufhaus zu finden ist (also kein außerordentliches, kein experimentelles, nichts aus der Pädagogen- oder Psychologenwerkstatt, sondern einfach nur ein besonders gutes!), und versuche aufzuzeigen, was Mark dabei erlebt und wie er sich verhält. Das Spiel heißt *Grim Fandango*, mein absolutes Lieblingsspiel, von dem nicht nur ich, sondern ausgezeichnete Spielekenner und Spielefreaks behaupten, dass es die beste Grafik zeigt, die derzeit erhältlich ist. *Grim Fandango* kommt übrigens aus den Lucas-Studios, die mit der *Star War*-Quatrologie offenbar ein gewaltiges Knowhow für die Generierung von wunderbaren Computerbildern erworben haben.

## Grim Fandango

*Manny* heißt der Schurke. Gut, dass er tot ist. Aber sein Unwesen treibt er immer noch. *Manny* ist Reisevertreter. Er verkauft soeben Verstorbenen Fahrten erster und zweiter und meist dritter Klasse ins Totenreich. Das ist sein Job, *Manny* kann nichts dafür! *Manny* ist als Vertreter ein ziemlicher Versager, und wie alle Erfolglosen macht er Gott und den Teufel und besonders seinen Chef und Rivalen *Gomez* für seinen Misserfolg verantwortlich. Dabei stellt sich schon nach den ersten Bildsequenzen heraus, dass *Manny* ein ausgemachter Trottel ist.

Das Totenreich ähnelt (so wie die Hölle, nach Bertolt Brechts Worten, der Stadt Los Angeles ähnlich ist) dem Bezirk Brooklyn, mitten in New York. Alte, charmante Hochhäuser, Riesengebäude, riesige Straßen, und mitten drin, völlig unvermutet, ein Straßenfest mit ganz vielen mürrischen Menschen. Das *muss* New York sein!

Für die Story spielt das natürlich keine Rolle, der Tod ist überall, und Mark hat auch ganz andere Sorgen: Erstens muss *Manny* an bessere Aufträge kommen. Wie soll er das anstellen? Zweitens führt der Fahrstuhl, wie Mark in Windeseile herausgefunden hat, direkt in eine Garage, ein wiederum riesiges suburbanes Gelände, aus dem man nicht herauskommt. Es gibt nur zwei Ausgänge, an denen jedoch ein deutliches Verbotsschild steht: Only for Living. Wir aber gehören, gemeinsam mit *Manny*, zu den Toten. Raus können wir also nicht!

*Grim Fandango, ab 12 Jahre, Lucas Arts, empf. VK 49,95 DM*

. . . . . . . . . . . . . . . . . . . . . . . . . . . . . . . . . . . . . . . . . . . . . . . . . . . . . . . . . . . .

## Selbstkorrektur ist der erste Schritt

Mark grübelt. Mit Action ist hier nichts auszurichten. Sein erster Versuch läuft so ab: die Lösung nicht austüfteln, sich nicht konzentrieren, sondern herumlaufen, durch die Garage hin und her, den Fahrstuhl rauf und runter, dann auf die Strasse und wieder zurück, immer mitten durch die wunderschönen kaputten Bilder! Doch das bringt nichts. Mark ist mit seinem eigenen Verhalten unzufrieden und *korrigiert* sich. Für diejenigen unter den Lesern, die nicht zufällig Psychologen sind, sei gesagt, dass damit ein ganz wesentlicher Schritt erreicht worden ist, den man in der Verhaltenstherapie oft mit viel Mühe, viel Geduld und manchmal auch ganz vergebens anzusteuern versucht. Selbstkontrolle durch Reflexion! Da geht einem Kinderpsychologen das Herz auf. In der Therapie gibt es, um dieses Verhalten zu erreichen, eine ganze Batterie von sorgfältig abgestuften Übungen,

Merkblätter und so genannte »Visualisierungen« – zum Beispiel eine Obelix-Figur, die ein Schild mit der Aufschrift »Stop« hochhält! Nein, ich will mich nicht mokieren, arbeite ja selbst mangels Alternative mit solchen und ähnlichen Programmen, und dennoch ist es mir schwer erklärlich, warum noch niemandem in den vielen vielen Therapiestunden mit problematischen Kindern und Jugendlichen aufgefallen ist, wie ungezwungen wir mit Hilfe des Computers erreichen könnten, was wir mit den alten Therapieprogrammen so oft nicht erreichen.

Von wirklich schwierigen Jungen wie Mark können wir ohne weiteres Rückschlüsse auf »normalere« Kinder ziehen. Wie dieses kleine Beispiel zeigt (und wie wir gleich am weiteren Spielverlauf noch deutlicher sehen werden), ist die verbreitete Meinung, am Computer werde die Unruhe und selbstvergessene Aggressivität besonders der Jungen geschürt und die Konzentrationsfähigkeit eingedämmt, schlicht falsch. Es hängt allerdings von den Spielen ab! Kehren wir zu *Manny* und seiner Garage zurück.

## Mark entdeckt spielerisch Identifikationsangebote

*Manny* rennt immer noch hin und her, und wenn Mark nicht anfängt nachzudenken und seine Unruhe zu begrenzen und planmäßig – Schritt für Schritt! – vorzugehen, dann ist das Spiel jetzt gleich zu Ende!

*Manny* will raus, er weiß gar nicht genau, wohin. Er sucht einen Fahrer, einen, der die Sperre zwischen den Lebenden und den Toten überwindet. Er will nicht, dass alles weiterhin so festgezurrt bleibt, so eingegrenzt und fixiert, dass es für ihn gar keine Chance gibt, aus seinem Dilemma – immer ein bisschen erfolglos, wenig beachtet, immer der Sündenbock für dieses und jenes –, herauszukommen. *Manny* weiß offensichtlich nicht genau, was er stattdessen will, aber was er *nicht* will, dass ihm ist ganz klar.

Mark geht es ähnlich. Er kennt die Situation gut. Immer im Kreis, immer auf Hochtouren, so sieht auch sein Alltag aus. Und er kommt nie an ein Ziel, nie an einen Punkt, an dem er wirklich einmal zufrieden ist. *Weg hier!*

*Manny* braucht einen Fahrer, der ihn rausbringt. Da fällt ihm kein besserer ein, als der dicke *Glottis*. Der hockt in einer Blechbüchse von Garagenwärterhäuschen und ist ein ängstlicher Typ. Dick und ängstlich, andere Partner findet *Manny* zur Zeit gar nicht. *Glottis* sagt, er darf nicht fahren, es ist gegen die Regel. Er will auch nicht fahren, er sei viel zu dick. *Manny* ist also an seine Vergangenheit gekettet, die ihn im Totenreich festhält, und im Totenreich gibt es bekanntlich keine Zukunft, keine Veränderung, keine Perspektive. Kein »Ich will mein Leben noch einmal anders haben«.

Ist es ein Wunder, dass für beschädigte Kinder wie Mark dieses Spiel geradezu elektrisierend wirkt? Allein wenn man sich die vielen Beurteilungsbögen von Psychologen und Psychiatern, Schulberatern und Lehrern anschaut, die Marks Eltern zum Vorgespräch mitgebracht hatten, und die alle übereinstimmend dasselbe mitteilen, versteht man, dass es für einen Jungen wie Mark wahrscheinlich nichts gibt, das wichtiger wäre als ein freier, offener Blick auf die

Zukunft. Ein Bild von sich selbst, das nicht von vornherein von so viel Vergangenheit erdrückt und erstickt wird. Zukunft als offener Raum, das wäre etwas.

Und wieder – wir haben es schon bei Simon gesehen – zählt die in der Psychologie nicht ganz neue Erkenntnis, dass Handeln und Fühlen im Symbolischen auch in der realen Welt Verhaltensmöglichkeiten erweitert und Verhaltensalternativen aufzeigt. Der weitaus größte Teil der pädagogisch-psychologischen Betreuung ist symbolischer Art. Beispielhaft einüben, modellhaft versuchen, was man im Realen nicht versucht. Im Computerspiel gelingt eben dies mit besonderer Nachdrücklichkeit.

Wieder ist es die »Kontingenz« der digitalen Bilderräume, die dabei hilfreich wirkt. Die Alltagswirklichkeit ist für Mark mit so vielen Vorprägungen und festgelegten Beurteilungen zugepflastert, dass es ihm wahrscheinlich schwer fallen würde, dort hoffnungsfrohe Zukunftsvorstellungen, ja, Visionen seiner Selbst, freie Bilder eines *möglichen* Selbst zu entfalten. Die Geschlossenheit der symbolischen Erlebnislandschaft im digitalen Medium macht es ihm nun aber leicht. Und so sieht das in *Grim Fandango* aus:

### Unterwegs in surrealen Bildwelten

Mit *Manny* pocht Mark gegen jede Tür da unten in der Garage. Manche öffnen sich. Nicht, dass sie gleich ins Freie hinausführen, das wäre ja auch zuviel verlangt. Aber jede Tür, die sich öffnet, zeigt, dass es auch *unausgetretene* Pfade und Möglichkeiten gibt. Jedes Mal könnte etwas Unerwartetes beginnen. Das allein zu erleben ist für Mark schon ein Fortschritt. Und dann endlich – nachdem er sich durch eine elegante und grandios konzipierte Hotelbar gemogelt hat – gelingt ihm der Schritt hinaus.

Damit eröffnet sich ein ganzes Potenzial von Bildräumen. Gerade *Grim Fandango* ist ein exzellentes Beispiel für phantastisch gestaltete Bildwelten surrealer, aber zutiefst beeindruckender Art. Da gibt es einen »steinernen Wald«, der noch überwunden werden muss, bevor man in eine gewaltige Festungsanlage, die tief ins Meer hineingebaut ist, vordringen kann. Zuerst also dieser Wahnwitz von Steinwald, dann der Mauerkoloss im Meer, in dessen Mitte über drei Stockwerke hinweg Bars, Cafés und Spielhöllen eingerichtet sind. Im Hintergrund läuft lautstark ein Hunderennen, über einer weit gespannten Brücke, die ins Nirgendwo führt, steht ein blass schimmernder Zeppelin, und irgendwo hört man das Meer rauschen... eine Fülle von Bildeffekten, *begehbaren* Bildeffekten. Jeder birgt ein Geheimnis. Geheimnisse sind Versprechungen.

*Grim Fandango*

Hier kann Mark etwas tun und sein, was für jeden Jungen zum Aufbau von Identität gehört, ihm aber im realen Leben so selten erlaubt wird: Er darf ungehindert, uneingeschränkt aktiv werden. Er kann, nachdem er dies ausgekostet hat, seine Aktivität bündeln, die Effektivität seines Handelns prüfen – er muss es tun, sonst kommt er nicht weiter, tausend Rätsel warten auf ihn. Er kann diese oder jene Handlungsweise testen, diesen oder jenen Weg hinunterlaufen, Informationen sammeln, Gespräche führen, nachdenken. Er kann dies alles tun, ohne, wie in der Realität, dauernd an seine hyperaktive Leidensgeschichte erinnert zu werden, an die vielen Lügen und die kleinen Betrügereien, mit denen er in der Wirklichkeit über die Runden zu kommen versucht. Er kann seine unruhige Hilflosigkeit, die ihn sonst immer und überall begleitet, für die Zeit im Cyberspace auflösen. Das gelingt ihm durch die Identifikation mit einer fiktiven Figur, die er lenkt, deren Gespräche er bestimmt, deren Fragen und deren Bewegungen er, Mark, zu verantworten hat, einer halbrealen Figur, der es auch nicht viel besser geht als ihm, die aber jetzt eine Chance wittert und sie konsequent wahrnimmt – mit Marks Hilfe und Mark mit ihr.

In diesem Rahmen und auf vielfältige Weise gestützt von der sinnlichen Qualität dieses Spieles, von der weichen

Lichttechnik, die mit ihrer Schwerelosigkeit den so leicht überforderten Verhaltensgrenzen dieses Jungen Raum verschafft – auf diese sinnhafte Weise gestützt, gelingt es ihm nun, sich Schritt für Schritt zu focussieren.

## Das Ziel: aktive Selbstkontrolle

Mark widmet seine Aufmerksamkeit jetzt vollständig den Aufgaben, die das Spiel ihm stellt. Zum ersten Mal seit langer Zeit wendet sich Mark voll und ganz einer Sache zu. Er hat Erfolg. Es gelingt ihm etwas. Er bewegt sich nun in einer imaginären Zeit und in imaginären Räumen, aber eben die gestatten ihm die Anwendung von geistigen und seelischen Fähigkeiten, die er sonst nicht einzusetzen versteht. Auch dafür ein Beispiel:

### Mark und Manny im steinernen Wald

Im steinernen Wald, den Mark und *Manny* überwinden mussten, bevor sie das Kastilium im Meer erreichten, hat sich der dicke *Glottis* in den frei flatternden Schwingen eines skurrillen und, wie es scheint, völlig nutzlosen Windrades verfangen und wird nun ununterbrochen durch die Luft geschleudert. *Manny* muss, um ihn zu retten, eine schwere Schubkarre auf eine Leitung hieven, damit die Energiezufuhr zum Windrad abgeblockt wird. Schon schwer genug, aber zu allem Überfluss liegen im steinernen Wald nicht eine, sondern zahllose Leitungen herum. Weiß der Himmel, weshalb! *Manny* und Mark können nur das tun, was sie sonst auf den Tod nicht ausstehen können: Geduldig ausprobieren, auf welche Leitung sie die Karre hieven müssen, um das Rad zum Stillstand zu bringen. Probieren und wieder probieren und, wenn´s schiefgeht, nochmal.

*Grim Fandango*

Für solche Verhaltensweisen hat die Lernpsychologie und die aus ihr hervorgegangene Verhaltenspsychologie eine Serie von anspruchsvollen Wörtern. Imponiersprache! Aber lassen wir uns für einen Augenblick darauf ein, damit wir einen Eindruck davon bekommen, was Mark unter psychologischen Gesichtspunkten mit sich und seiner unruhigen Seele anstellt. Welche Anstrengungen er eben jetzt beim Spielen auf sich nimmt und welche psychischen Leistungen er aufbringt. Wozu er bereit und fähig ist. Das hätte ihm niemand zugetraut.

»Impulskontrolle« lautet ein so ein gewichtiges Imponierwort. Klingt tatsächlich ziemlich prätentiös, ist es auch, aber sinnlos ist es nicht. In der Tat müssen die überaktiven Kinder lernen – und sehr viele andere, die nicht hyperaktiv, aber auf vielerlei Art konzentrationsschwach sind, ebenso –, nicht jedem Impuls, der sie durchfährt, nachzugeben. Oft sind es aggressive Impulse. Oder Reaktionen auf Kränkungen. Oder auf das eigene Versagen. Der Teufelskreis von impulsivem Handeln, Reaktionen der Umwelt und daraus resultierendem, *noch* impulsiverem, *noch* unvernünftigerem Handeln muss unterbrochen werden. Das ist bei normalen Kindern nicht anders, nur weniger dramatisch.

Viele dieser sehr aktiven Jungen erleiden tagtäglich eine ganze Kette von negativen Reaktionen und reagieren ihrerseits darauf. In der Regel so, dass sie ihr überaktives Verhalten gleich noch einmal »toppen«, noch einen draufsetzen, um sich gegen drohende Sanktionen zur Wehr zu setzen, um sie einfach lautstark zu übertönen, um am Ende eine grosse Klappe zu haben und vor sich selbst groß dazustehen – und wieder schaden sie sich nur selbst, und wieder läuft das Teufelsrad noch schneller. Um so einen Prozess bereits am Anfang abzublocken, ist »Impulskontrolle« schon nicht schlecht.

## Wie man lernt, sich selbst zu kontrollieren

Wie bringt man einen aktiven Jungen dazu, sich zu kontrollieren? In der Kinderpsychologie gibt es zu diesem Zweck

Trainingsprogramme, mit denen »Reaktionsverzögerung« eingeübt wird. Noch so ein Imponierwort, wiederum nicht unsinnig, denn in der Tat muss zuerst die Reaktion gehemmt, gebannt werden, bevor es Sinn macht, mit einem Kind alternatives Verhalten auszuhandeln. All das ist mühselig, äußerst mühselig. Man trainiert und trainiert mit diesen Kindern im geschützen Raum der psychologischen Praxis oder einer Beratungsstelle. Das alles sind nicht mehr als seelische Trockenübungen. Aber irgendetwas muss man ja tun, und dieses psychologische Training hat ja auch (begrenzte) Wirkungen. Es ist nichts anderes als symbolisches Versuchshandeln im geschützten Raum. Letzlich ist auch die Erziehung in normalen (normal*eren*) Familien, mit durchschnittlicheren Kindern nichts anderes als eben dies: beispielhaft und modellhaft Verhalten einüben und in das Selbstbild eines Kindes einfügen. Das ist das, was wir den ganzen Tag mit unseren Kindern anstellen. Wir tun es nur meistens unbewusst. Wir leben einfach zusammen und dabei stellt sich, wenn alles gut geht, das richtige symbolische Lernen und Handeln wie von selbst ein.

»Beim Spielen am Computer erbringen selbst schwierige Kinder die seelischen Leistungen, die für eine erziehende Einflussnahme notwendig sind.«

In Computer-Spielen, im Cyberspace, bringen auch die ganz schwierigen Kinder von sich aus bereitwillig die seelischen Leistungen auf, die für Erziehung, Beratung oder sonstige Einflussnahmen notwendig sind. Warum? Aus vielen Gründen. Einige haben wir genannt. Weil sie endlich ein Feld, und sei es das Hyperfeld des digitalen Raumes, gefunden haben, in dem sie vorbehaltlos handeln und die Effektivität ihres Handelns erproben können (ohne von andauernden Ermahnungen an sich selbst gehindert zu werden). Weil die Lebensgeschichte, die an ihnen hängt wie ein

Klotz, durch die kräftigen Identitätsangebote, die im digitalen Raum funktionieren, abgeschwächt wird. Weil diese Licht- und Traumwelt mit ihrer eigenartigen realen Phantastik einen ganz andersartigen alternativen Handlungsrahmen zur Verfügung stellt, in dem man sich noch einmal ganz anders kennen lernt.

Und sie experimentieren und zeigen Geduld, verkneifen sich jeden Wutschrei bei fehlgeschlagenen Versuchen, lassen nicht locker, bis sie das Ziel erreicht, die Aufgabe gelöst haben und sich vor ihnen, wie eine Belohnung, eine weitere Ebene einer hochartifiziellen Bilderwelt auftut. Sie lernen in der Stellvertreter-Realität des Cyberspace!

> »Computerspiele vermitteln Kindern nicht nur persönliche Erfolgserlebnisse. Kinder lernen hierbei zugleich den Umgang mit einer Zukunftstechnologie.«

Wir sollten im Übrigen bei all den psychologischen Gesichtspunkten nicht übersehen, dass sie dabei ja zugleich die Beherrschung eines technischen Instumentes lernen, das von größter lebenspraktischer Bedeutung ist. Sie lernen den Umgang mit dem Zukunftsmedium schlechthin.

Sie erfahren sich in diesem Zukunftslernen anders, als es ihnen in ihrer Vergangenheit und in vielen Beurteilungen nachgesagt wurde. Sie erwerben eben nicht nur stellvertretend im symbolischen Lernen, sondern ganz real eine Qualifikation, die ihnen Möglichkeiten der Teilhabe am gesellschaftlichen und sozialen Leben auf eine Art eröffnet, die eigentlich für sie schon gar nicht mehr vorgesehen war. Sie sind wieder mitten drin. Sie sind wieder wer. Zumindest soweit der Computer die Situation lenkt und struktuiert. Und der wird im gesellschaftlichen und wirtschaftlichen Leben immer mächtiger.

# Für die Zukunft lernen

Auffällig ist, dass gerade diejenigen Verhaltensweisen, die im Cyberspace geübt werden und die für die wirtschaftliche Zukunft unserer Kinder unverzichtbar sind, im Schulunterricht nicht einmal ansatzweise verlangt werden. Das ist ein weiteres Manko der modernen Schule: Sie kümmert sich nicht im Geringsten darum, die Voraussetzungen für ihr eigenes Funktionieren zu schaffen. Sie geht davon aus, dass die Voraussetzungen einfach da zu sein haben – das sind sie aber nicht. Uns klingen die gängigen Entschuldigungen in den Ohren: Die Eltern sind schuld, das Fernsehen ist schuld. Ich will diesen Punkt nicht weiter vertiefen, er führt von unserem Thema weg. Ich will aber an einem kleinen Beispiel erklären, was ich meine. Der schulische Unterricht ist in seiner Art der Stoffvermittlung (vorn steht einer und redet und dreißig andere hören zu), wie im hierarchischen Aufbau der Lerninhalte, in der Betonung des vielen Auswendiglernens, des Formelhaften, des Paukens, eine zutiefst auf »Autorität« zugeschnittene Veranstaltung. Das ist an sich weder gut noch schlecht. Es kommen nur zwei Probleme auf.

Das Erste: Die multimedial geübten Kinder haben enorme Mühe, ihre Aufmerksamkeit pünktlich zu Beginn des Unterrichtes von den vielen Medien, die sie sonst umgeben, auf ein einziges zu richten und sich darauf zu konzentrieren – und dieses einzige Medium ist in der Regel ein etwas älterer Herr oder eine ältere Dame, die ausführlich reden und insofern mit den modernen Medien schlecht konkurrieren können.

Das Zweite macht alles noch schlimmer: Die Unterrichtsform und der Unterrichtsinhalt sind zwar autoritär, aber die Methode, die Art, wie Lehrer sprechen oder zu sprechen, zu kommunizieren versuchen, der juristische Rahmen der Schule usw. soll dem Autoritären, wo immer es geht, einen Riegel vorschieben. Auch dafür gibt es eine Reihe von guten Gründen.

Die springende Punkt ist aber der, dass man schlecht auf der einen Seite autoritäre Konstellationen aufbauen und sie auf der anderen Seite unterlaufen oder leugnen darf. Entweder wird der Schulunterricht so umgeformt, dass er nicht länger auf eine sehr eng angelegte Disziplin und Ordnungsbereitschaft der Schüler angewiesen ist, was in gewissen Grenzen durchaus denkbar wäre, oder Disziplin und Ordnung müssen eben erzwungen werden. Die moderne Schule tut das Erste nicht und traut sich das Zweite nicht zu. Sie ist autoritär und nicht autoritär, sie erzwingt das Lernen von oftmals sinnleerem Unterrichtsstoff und überlässt die dafür notwendige Disziplin den Eltern oder dem Zufall. Das kann nicht gut gehen. Manchmal erscheint es wie ein Wunder, dass schulischer Unterricht überhaupt noch stattfindet. (Oft findet er ja auch gar nicht statt. Schulstunden finden statt, aber Schulstunden sind nicht in jedem Fall »Unterricht«!)

Aber das nur nebenbei. Die Dinge, auf die es mir ankommt, lernen Kinder mit Hilfe des Computers. Doch dafür hat die Schule kein Gespür – sie sollte es aber haben, denn es geht um die intellektuellen und psychischen Fähigkeiten, die die Kinder für ihre Zukunft benötigen. Schauen wir sie uns der Reihe nach an.

## In Alternativen denken

»Computerspiele fördern komplexeres Denken.«

Alle Computerspiele – wir reden wie immer nur von den pädagogisch wertvollen – haben immer mehr als einen Weg, der zum Ziel führt. Auch die einzelnen Aufgaben sind meist so gestellt, dass verschiedene Lösungen möglich sind. Wo es in der Schule meist nur *eine* richtige Antwort und sonst nichts gibt, da bieten Computerspiele Möglichkeiten für das Denken in Alternativen. Damit fördern sie komplexeres Denken. Ich habe es auf den vergangenen Seiten mehrfach an konkreten Beispielen beschrieben.

# Risikobereitschaft entwickeln

»In vielen Computerspielen gibt es keine
festen Regeln. Der Spieler muss beurteilen,
abwägen und schließlich entscheiden.«

In den meisten Computerspielen – und in allen übrigens,
die auf den folgenden Seiten vorgestellt werden – wird Risikobereitschaft gefordert. Eine pingelige Befolgung von vor-
geschriebenen Wegen nützt gar nichts. Für die meisten Aufgaben gibt es gar keine festen Regeln, an die man sich halten
könnte. Ich muss als Spieler alle Möglichkeiten, soweit sie
erkennbar sind, in Betracht ziehen und abwägen, ich muss
verstehen, dass jede Sequenz so und wieder anders beurteilt
werden kann, und ich muss mich schließlich entscheiden.
Und das bedeutet: Es gibt, anders als im Schulunterricht,
keine übergeordnete Instanz, die meine Entscheidung als
richtig oder falsch qualifiziert und damit endgültig ab-
schließt. Hier, im Spiel, bin ganz allein ich verantwortlich.
Falsche Lösungen machen sich möglicherweise erst in späteren Spielstationen bemerkbar. Oder anders: Die einmal
getroffene Entscheidung legt viele andere Entscheidungen
fest, die ich jetzt noch nicht übersehe. Bei wenigen Lernmo-
dellen wird so intensiv wie bei Computerspielen erfahrbar,
dass ich im Spiel und im Leben ständig Entscheidungen
treffe, deren Tragweite ich nur begrenzt überblicke, und
dass ich trotzdem die volle Verantwortung trage. Jede Entscheidung legt mich im Rahmen dieses Modellhandelns
fest. Sie kann korrigiert, aber nicht rückgängig gemacht
werden.

# Verantwortung übernehmen

»Wo es Verantwortung gibt,
stellt sich auch die notwendige Disziplin ein.«

Allein die Erkenntnis, dass der Spieler Verantwortung für sein Handeln trägt, zwingt ihm *Disziplin* und *Selbstdisziplin* auf. Wer in einem Simulationsspiel (siehe Seite 141) einfach drauflos baut oder, weil ihm gerade danach ist, eine Stadt teilweise abreißt, bringt sich in eine vertrackte Situation (oder katapultiert sich aus dem Spiel heraus).

Disziplin gibt es sinnvollerweise nur dort, wo es auch Verantwortung gibt. In dem Maße, in dem der Schulunterricht Verantwortung abnimmt und durch Zensuren ersetzt, fördert er auch eine innere Disziplinlosigkeit. Dies alles ist im Computerspiel ganz anders, und viele Kinder und Jugendliche ergreifen diese Chance zur Selbstverantwortung bereitwillig.

Verantwortung übernehmen und zugleich, weil man sie übernehmen will, Lust am Risiko, am Wagnis zeigen und eine Aufgabe selbstdiszipliniert zu Ende führen – ich bin nicht sicher, ob beim Einüben solcher Eigenschaften unsere Kinder und Jugendlichen nicht mehr über zukunftsfähiges Verhalten lernen als in zahllosen Schulstunden, in denen ihnen eben diese Verhaltensbereitschaften ausgetrieben werden.

# Individualisiertes Verhalten trainieren

»Es gibt nur wenige Möglichkeiten, individualisiertes
Verhalten zu trainieren. Der Computer ist eine davon.«

Alle jetzt genannten Punkte hängen offenkundig eng mit einem letzten, dem entscheidenden zusammen: *Individualisierung.* Die Bedeutung, die der vernünftige Umgang mit
den verschiedenen Aspekten der Individualisierung in der
Freizeit, der Arbeit, dem sozialen Umgang hat, dürfte sich
herumgesprochen haben. Aber wieder: Im Schulunterricht
bemerkt man wenig davon. Noch die letzte Freistunde und
Projektarbeit wird bürokratisch in Planungsschritte aufgeteilt und so organisiert, dass sie in jedem Teilschritt einer
objektiven Kontrolle zugänglich ist. Wahrscheinlich ist es
kaum übertrieben, wenn wir festhalten, dass es außer im
Spiel mit dem Computer für unsere Kinder wenig Möglichkeiten gibt, individualisiertes Verhalten, risikoreiches Entscheiden und selbstständiges Verantworten, wie es die ge-
sellschaftliche Zukunft ihnen abverlangen wird, ihrem Alter
angemessen zu trainieren.

# Unsere Reise durch den Cyberspace – ein Resümee

Wir sind nun einen langen Weg gegangen, einen unterhalt-samen, hoffe ich. Wir haben gesehen, wie die menschliche Vernunft, der Erwerb von Sprache, Schrift und anderen symbolischen Ordnungen entsteht und wir haben dabei auch gesehen, wie die verschiedenen Entwicklungsschritte hin zur Vernunft im Kinderspiel immer wieder durcheinan-der geschüttelt, umgedreht und verkehrt und danach auf vielfältige Weise wieder verknüpft und zwischendurch auch mal einfach aufgelöst werden.

Spiele sind hierfür besonders geeignet und Computerspiele, auf eine besondere Weise, erst recht. Durch solche Auflösung und Neufügung von seelisch-intellektuellen Ordnungen entsteht nicht weniger als Komplexität. Im Denken und im Fühlen. Ich habe dies nachzuzeichnen versucht.

## Meine Lieblingsspiele

*Pyjama Pit: Keine Angst im Dunkeln,*
*3-8 Jahre, Infogrames, empf. VK 40,- DM*

*Fritzi Fisch 2 und das Flossengespenst,*
*3-8 Jahre, Infogrames, empf. VK 40,- DM*

*Grim Fandango, ab 12 Jahre, Lucas Arts, empf. VK 49,95 DM*
Das ästhetisch gelungenste Computerspiel aller Zeiten.

Die moderne neurophysiologische Grundlagenforschung unterstützt und sichert solche Beobachtungen. Nachweislich neuerer neurophysiologischer Studien verläuft das menschliche Denken über interaktiv parallel arbeitende Neuronengruppen, die mit hoher Geschwindigkeit und Präzision etwa Buchstaben- und Lautanalysen verarbeiten. Dabei werden sich gegenseitig aktivierende und hemmende Impulse genutzt. Auf der Grundlage moderner bildgebender Verfahren kann nachgewiesen werden, dass jede Aktivität eines begrenzten Gehirnareals innerhalb von Millisekunden sowohl Bahnungen als auch Hemmungen in anderen Arealen in Gang setzt. Anders gesagt: Die traditionelle Vorstellung einer linearen Informationsaufnahme und -verarbeitung im menschlichen Gehirn, an die sich nahezu alle Bildungsinstitutionen klammern, ist nicht länger zu halten. Nur das komplexe Zusammenwirken von verschiedenen Gehirnregionen kann beispielsweise eine visuelle Wortanalyse und ihre Umsetzung in Sprache (kurz: Lesen) ermöglichen. Nur so ist es möglich, dass innerhalb von 25-50 Millisekunden geschaut, verstanden und gesprochen wird. Die

136

Gehirnforschung spricht von »Parallel Distributing Processing« (PDP), also von parallel verteilten Vorgängen. Wir haben mehrfach studieren können, wie eben solche Komplexität durch die Wirkungsweise des Computers gefördert wird, mehrmals erkennen können, wie eben solche Komplexität durch eine Gleichzeitigkeit, die verschiedene Denkformen und entsprechend verschiedene Gehirnareale bewegt und auf dem Monitor abbildet, hergestellt wird.

Wir haben erfahren, wie Vernunft und Gebrauch von Vernunft in den besten Computerspielen auf eine differenzierte Weise stimuliert wird. Wir haben die Ursachen ermittelt, weshalb wir unsere Kinder bei dieser Art des Lernens nicht motivieren müssen. Sie sind auf eine eigentümliche Art in den Cyberwelten seelisch zuhause.

Und wir haben schließlich zeigen können, auf welche Weise mit Hilfe des Computers und langfristig des Internets erwünschte Verhaltensweisen bei Kindern und Jugendlichen trainiert werden können.

Alles in allem ergab unsere Reise durch den Cyberspace ein keineswegs einheitliches, keineswegs nur positives, aber letztlich doch ein ermutigendes Bild. Wir können zusammenfassend festhalten, dass der Computer ein komplexes Medium zur Förderung des Intellekts und zur Veränderung von Verhalten und Gefühlen sein kann. Ein vergleichbar umfassendes Lern-Medium steht uns nicht zur Verfügung. Wir müssen es nun nutzen. Vernünftig, ohne Furcht vor der Zukunft, und mit Sinn für die ästhetisch-komplexe Welt, in die unsere Kinder sich einüben.

# Elroy, Dr. Mathe und Oscar, der Ballonfahrer 2

## Kreuz und quer durch die Welt der Computerspiele

# Simulations-
# spiele: Planung
# und Interaktion

Wir haben bereits von dem narzisstischen Charakter gesprochen, der sich in den Computerspielen in besonderer
Weise Geltung verschafft. In keinem anderen Genre wird so
deutlich, wie sehr der Spieler in die Rolle des Schöpfers, des
allmächtigen Erschaffers von Krieg und Frieden, Öde und
Fruchtbarkeit, Glück und Elend hineinwächst wie in den
Simulationsspielen. Der Spieler ist nicht nur, wie es in den
Adventure-Spielen der Fall ist, eine Art Held, er »vermählt«
sich nicht nur mit der heroischen Gestalt, sondern er ist
in den Simulationsspielen unmittelbar und direkt eine
Art »Gott«. Allerdings ist er immer von anderen konkur-
rierenden »Göttern« in seiner Allmacht gefährdet. Dort,
wo er fruchtbares Ackerland großzügig verteilt und die vielen kleinen flimmernden Cyber-Nanos für ihn fleißig die

Arbeit tun, da kann ein anderer »Gott«, der aus dem Internet oder aus einem anderen Mehrspieler-Modus hervorbricht, die ganze Schöpfungsarbeit in kurzer Zeit zunichte machen. Anders gesagt, unser Spieler-»Gott« muss ein intelligenter und wachsamer »Gott« sein, sonst ist es mit seiner Allmacht rasch vorbei.

## Die Völker und Civilization

Den eben beschriebenen Sachverhalt möchte ich am Beginn unserer Tour durch das Angebot der Simulationsspiele an zwei Beispielen illustrieren: *Die Völker* und *Civilization*.

### Die Völker

*Die Völker* ist eines der erwähnten Allmachtsspiele. Der kleine Spieler sammelt eine enorme Macht in seiner Person an und muss sich dabei zugleich an die Grenzen der Vernunft und der rationalen Planung halten. Denn ein anderer Spieler – ein anderer »Gott«– kann ihn um die Er- 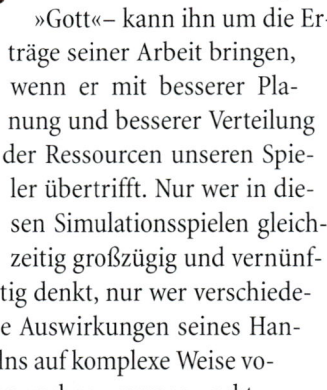 träge seiner Arbeit bringen, wenn er mit besserer Planung und besserer Verteilung der Ressourcen unseren Spieler übertrifft. Nur wer in diesen Simulationsspielen gleichzeitig großzügig und vernünftig denkt, nur wer verschiedene Auswirkungen seines Handelns auf komplexe Weise vorauszusehen vermag, geht am Ende als Sieger hervor.

*Die Völker, ab 6 Jahre, Infogrames, empf. VK 29,95 DM*

Wir wollen auch nicht verschweigen, dass zu jedem All-machts-Traum, wie er dem Spieler in den Simulationsspielen geradezu aufgedrängt wird, eine dunkle Unterseite gehört. Einer der Entwickler des Völker-Spieles, Jeff Haas, hat es in einem Interview einmal so formuliert: »Ja, das Ziel des Spieles ist Zerstörung, alles kurz und klein schlagen und ausräuchern.« Die narzisstischen Gefühle, die im Cyberspace wachgekitzelt werden, haben durchaus ein ambivalentes Gesicht. Sie wecken emotionale und geistige Kräfte in den Spielern, die von anderen Institutionen der Wissensvermittlung und der Erziehung konsequent niedergehalten und begrenzt werden. Daraus erwächst einerseits die Chance, im Rahmen des Computerspiels, des Cyberspace, eine vorbehaltlose emotionale und rationale Intelligenz zu entfalten. Die Rückkehr zu narzisstischen Befindlichkeiten, wie sie die Computerbilder ermöglichen, ist so etwas wie eine kräftige Energie für die Intelligenz eines Spielers. Aber andererseits können wir nicht übersehen, dass zum Narzissmus, zur konsequenten Selbstliebe auch die Egozentrik gehört, die Unfähigkeit, sich um mehr und anderes zu kümmern als immer nur um die eigene Befindlichkeit. Diese Seelenverfassung nun erweitert Intelligenz keineswegs, sie engt sie vielmehr ein, weltvergessen und letztlich irrational. Die Egozentrik ist der natürliche Feind der Intelligenz.

Und insofern diese beiden Seiten in den Spielen – insbesondere den Simulationsspielen – stimuliert werden, muss man gerechterweise von Chancen und Risiken einer möglichen geistigen Entwicklung sprechen, die mit solchen Spielen eingeleitet wird: Einer narzisstisch-emotional befreienden und einer egozentrisch zerstörerischen. Beides ist möglich, und hier liegt vielleicht eine weitere Aufgabe, die Eltern und in gewissem Sinne auch Lehrer zu erfüllen hätten. Sie müssen nicht unbedingt bei den Spielen, die oft zwei Stunden oder länger dauern, ununterbrochen anwesend sein, aber sie sollten schon ein wachsames Auge darauf haben, mit welchen Gefühlen und welchen »Haltungen« ihr Kind vom stundenlangen Spiel am Computer zurückkommt.

## Civilization

*Civilization* ist ein weiteres Computerspiel aus der klassischen »Ich bin Gott, ich simuliere die Welt«-Reihe. Es hat einen durchaus guten Ruf. Die Bewohner, die sich ganz am Anfang der Zivilisation befinden, müssen durch eine lange Phase der kulturellen Entwicklung und Erziehung hindurchgeführt werden. Das Raffinierte in diesem Spiel liegt darin, dass man den Cyber-Menschen nicht einfach »erklären« kann, was ein Auto ist und wie es funktioniert. Nein, man muss sie so weit mit geistigem Vermögen ausstatten, dass sie in die Lage versetzt werden, das Auto selbst zu »erfinden«. Man muss sie also lehren, das Rad zu entwickeln, dann dessen verschiedene Bewegungsmöglichkeiten und deren Koordination zu entfalten, schließlich schnellere Fahrzeuge zu bauen, aus denen zuletzt »Autos« hervorgehen.

Oder: Erst wenn sie die Grundlagen der Metallverarbeitung und des Magnetismus verstanden haben, kann man ihnen die Entwicklung und Anwendung von Elektrizität zutrauen. Sie brauchen ebenso das Grundwissen der Arithmetik, um Fertigkeiten als Steinmetze, als Maurer und schließlich als Architekten erwerben zu können, um auf dieser geistigen Basis dann befähigt zu sein, schöne, gewaltige, eigenwillige Gebäude zu errichten. Technischer Erfindergeist und Architektur, Elektrizität und die Begabung, ein funktionierendes Finanzsystem aufzubauen und in Gang zu halten, machen den Spieler letztlich zum Schöpfer großer Konzerne und industrieller Systeme.

*Civilization – Call to Power,*
*ab 6 Jahre, Activision, empf. VK 29,95 DM*

Mit Civilization und anderen Simulationsspielen, die ihm folgten, wurde eine neue Art der Spielentwicklung eingeführt. Wer hier zu schnell sein will, wer voreilig große Sprünge in der Geschichte der zivilisatorischen Entwicklung machen will, der produziert nur Rückschläge. Denn es verhält sich so, dass man die Einwohner immer zuerst mit ausreichend Intellekt und Bildung ausstatten muss, bevor man ihnen weitere zivilisatorische Fortschritte zumuten kann. Werden den Cyber-Menschen elementare Grundlagen nicht ausreichend beigebracht, dann kann es geschehen, dass ihre Vernunft überfordert ist – sie revoltieren. Und solch eine Revolte kann sich, wenn der Spieler gerade mitten im Wettlauf mit anderen Kulturen steht, geradezu verheerend auswirken.

Insgesamt steht bei Spielen wie *Civilization* oder *Die Völker* eine subtile Verfeinerung von Planung und komplexer Interaktion im Zentrum des Geschehens. Es geht nicht darum, plumpe industrielle Artefakte hinzustellen. Hier werden vielmehr anpassungsfähige, vernetzte »Systeme« aufgebaut. Der Spieler kann auch nicht willkürlich Ziele verfolgen. Er braucht vielmehr eine Reihe von Cyber-Agenten, die die Voraussetzungen geistiger und materieller Art schaffen, um den jeweils nächsten Spielabschnitt vorzubereiten. Der Spieler setzt in gewisser Weise etwas in Gang, das er nicht vollständig überschauen kann. Er weiß nicht genau, auf welchen Wegen die verschiedenen Menschenkollektive und die Technologien und die politischen Ereignisse sich untereinander verflechten werden. Er kann das Ergebnis keineswegs präzise voraussagen. Das ist im Cyberspace nicht anders als in der irdischen Realität. Gefordert wird vom Spieler deshalb ein beträchtliches Vermögen an Koordinationsfähigkeit und Flexibilität. Außerdem die Begabung, sich auf neue, auch unerwartete, auch ungewollte Entwicklungen einzustellen. Eben dies, das Komplex-Unerwartete gibt es in diesem Umfang in Schule oder Konzentrations- und Intelligenztrainings psychologischer Art nicht.

## Sim Earth und Sim City

Das Spiel *Sim Earth* (leider nur in den USA erhältlich) ist ein herausragendes Beispiel dafür, wie ein Spieler zwar gleichsam gottähnliche Gefühle empfängt, wenn er – wie hier – eine ganze Welt mitsamt der sie umgebenden Atmosphäre und Klimazonen erschafft. Aber leider ist es so, dass ein organisiertes Verbrechersyndikat mit Millionen von Dollar künftige Katastrophen auslösen kann: Hurrikans der absoluten Spitzenklasse, Tornados und andere Naturkatastrophen, die die Weltbevölkerung in erheblichem Umfang dezimieren. *Sim Earth* war ursprünglich als Modell für die Forschung gedacht. Man wollte gewichtige Veränderungen der Erdatmosphäre und ihre Auswirkungen auf verschiedene Felder der Geologie simulieren. Es war einer der ersten großen Versuche, komplexe Lebenssysteme modellhaft zu entwerfen. In der Tat zeigt sich, dass die Verknüpfung aller Faktoren letztlich zu einem großartigen ausbalancierten »Organismus« führt.

In *Sim Earth* ist ein geradezu Schwindel erregendes Netz von Faktoren, die sich gegenseitig beeinflussen, präsent. Welchen Einfluss die einzelnen Faktoren auf das Gesamtsystem ausüben, ist vom Spieler kaum nachzuvollziehen. So ist es auch kein Wunder, dass die Spieler solch hochkomplexer Simulationsspiele sich darüber beklagen, dass sie mit der Kontrolle menschlicher Intelligenz das Spiel kaum noch steuern können. (Das ist in den Computersimulationen nicht anders als beispielsweise auf den internationalen Finanzmärkten, die ohnehin immer mehr Computerspielen ähneln – oder umgekehrt: Die Spiele werden den Börsen und Märkten immer ähnlicher.)

*Sim City* ist da schon erheblich einfacher. Hier erhält man direktere und klarere Reaktionen auf Veränderungen, die man als Spieler selbst veranlasst hat. Man behält die Kontrolle oder hat doch zumindest das Gefühl, dass man die Kontrolle über die selbst entwickelte Stadt niemals ganz verliert. *Sim City* war das erste Simulationsspiel, das auf einem großen Markt Erfolg hatte.

## Sim City

Sim City folgt auch in der *Sim-City* 3000-Fassung – im Herbst 1999 erschienen – einer einfachen Logik. Zunächst einmal muss die Stadt auf eine solide wirtschaftliche Grundlage gestellt werden. Dazu gehört der Bau von Fabrikanlagen. Diese freilich verschmutzen die Umwelt und vertreiben die Bevölkerung. Schon stehe ich als Bürgermeister vor der unglücklichen Alternative, entweder die Steuer zu erhöhen und damit weitere Steuerzahler aus der Stadt zu vertreiben oder der Industrie die Kosten der Umweltbelastung aufzubürden. Die intellektuellen Anforderungen werden jetzt komplexer. Dieser zweite Schritt könnte einen Abbau oder einen Abzug großer Industrieanlagen zur Folge haben, was wiederum die Steuerkasse leerfegen würde.

Bei der Lösung muss der junge Spieler auf vielerlei Faktoren gleichzeitig achten. Es reicht beispielsweise für den Bau eines Kraftwerkes, das die Industrieanlagen mit billiger Energie versorgen soll, keineswegs aus, dass der Grund »tragfähig« und erdbebensicher ist. Zusätzlich müssen die Auswirkungen auf die Umgebung, die Nachbarschaft, die politische Situation in den angrenzenden Stadtteilen usw. bedacht werden. Eine politische Revolte beispielsweise kann die Stadtverwaltung ebenso teuer zu stehen kommen wie

der Zusammenbruch der Energieversorgung. In solch einem Fall ist zu überlegen, welcher der beiden politischen Prozesse besser zu kontrollieren ist und welcher die Stadtverwaltung in Schwierigkeiten bringen könnte. In diesem Fall ist die Antwort einfach: Der Zusammenbruch der Energieversorgung kann der revoltierenden Bevölkerung in jedem Fall als Schuld der habgierigen Industriebosse vorgeführt werden. Da die Wahrscheinlichkeit hoch ist, dass die Menschen solchen Verlautbarungen Glauben schenken, gewinnt die Verwaltung Zeit, sich auf neue Situationen einzustellen oder sie selbst vorzubereiten. Es ist nicht nur Planungsintelligenz, die benötigt wird, um solche komplexen Anforderungen zu bewältigen, es ist darüber hinaus eine Art Intuition und Cleverness, die der Spieler (etwa als Bürgermeister) zum Überleben benötigt. Der Einblick in die Vernetzung sozialer, natürlicher, industrieller und anderer Gegebenheiten ist in jedem Fall ein Studienobjekt erster Ordnung.

*Sim City, Maxis/Electronic Arts, empf. VK 20,- DM*
*Sim City 3000, Maxis/Electronic Arts, empf. VK 79,95 DM*

Will Wright, der geniale Erfinder von *Sim-City* und teilweise *Sim Earth* hat, um ein Gefühl für die Dynamik einer Stadt zu bekommen, die Simulation einer Durchschnittsstadt studiert, die Jerry Forrester am Massachusetts Institute of Technology bereits in den 60er-Jahren entwickelt hatte. Forrester fasste das Stadtleben in rein quantitative »Mengen« zusammen und versuchte, die Regelung einer Stadt wie eine mathematische Gleichung zu lösen. Dazu stellte er einige Grundregeln auf. Beispielsweise diese: Eine bestimmte Anzahl von Einwohnern braucht je einen Feuerwehrmann, eine bestimmte Anzahl von Autos je einen Parkplatz usw. Forrester veröffentlichte seine anhand von Simulationen gefundenen Resultate und hat damit viele Spieleentwickler inspiriert. Forresters eigene Simulation war ausschließlich »numerisch«, sie kam gänzlich ohne grafische Oberfläche aus. Sie bestand eben nur aus komplexen Gleichungen, die bestimmten Planungskoordinaten entsprachen. Will Wright versank mit Fleisch und Blut in Forresters Mathematik. Er formte aus den Gleichungen Bilder. Bilder von Häusern und Straßen, von Verkehr und Verkehrsregelung, von Energieversorgung und Kanalisation, auch geografische und figürliche Repräsentanzen der politischen Institutionen, die all dies regeln. Genau genommen ist *Sim City*, eines der beliebtesten Spiele unter Jugendlichen, nichts anderes als eine Planungstheorie der Stadt in Bild, Ton und Animation. Aus der Fülle der Bilder und der vernetzten Interaktionen entsteht für den Spieler allmählich eine Art Grundmodell der Stadt. Dieses zu erkennen und kreativ zu formen, ist eine der entwickeltsten intellektuellen Leistungen, die man sich überhaupt ausdenken kann. Die Spieler von *Sim City* nutzen und trainieren sie stundenlang.

## Roller Coaster Tycoon

In der inzwischen zu einer Milliardenindustrie angewachsenen Computerspiel-Branche gibt es immer wieder Überraschungen. 1999 kam sie nicht zufällig aus dem Genre der Strategiespiele.

Im Durchschnitt sind 20 und mehr hochqualifizierte Grafiker, Programmierer, Musiker und Marketing-Leute mit der Entwicklung und dem Verkauf eines Spieles wie *Command and Conquer* oder *Opposite force* befasst. 1999 war es ein Spiel, das im Wesentlichen von einem einzigen Mann entworfen, komplett programmiert und promotet wurde. Das Spiel ist auch bei den Kindern in meiner psychologischen Praxis ein absoluter Hit. Und wie viele Spielekritiker und Marketing-Experten bin auch ich darüber sehr verwundert.

Das Spiel heißt *Roller Coaster Tycoon*, und der Mann, der es im Alleingang geschaffen hat, trägt einen in der Spielekultur geradezu legendären Namen: Chris Sawyer. *Roller Coaster Tycoon* ist ein absolutes Spitzenprodukt im Genre der Simulations- und Aufbauspiele, das in den letzten zwei Jahren einen Boom erlebte. *Die Völker* und *Die Siedler* gehören dazu, *Ages of Empires* wäre zu nennen, aber auch das militantere *Command and Conquer*. *Sim City*, wie gesagt, war der Anfang, und der Siegeszug der Simulationsspiele ist noch längst nicht am Ende.

Was an *Roller Coaster Tycoon* so sehr fasziniert, sind wohl, wenn ich meine begeisterten Kinder richtig verstanden habe, die teilweise wunderschön programmierten Details und die Atmosphäre. Es geht um einen Freizeitpark, in dem die Kinder alles Mögliche, was zu einem vernünftigen Park dazugehört, hineinbauen können. Im Zentrum stehen zwei Attraktionen, beide nicht sonderlich originell, aber enorm attraktiv: eine Achterbahn und ein Riesenrad.

Am Erfolg von *Roller Coaster Tycoon* kann man möglicherweise ablesen, dass jene Phase, in der immer mehr technisch-ästhetische Sensationen den Erfolg eines Spieles garantierten, möglicherweise vorbei ist. So gibt es inzwischen einen Nachfolger des *Roller Coaster Tycoon*, den *Theme Park World*, der eigentlich sehr viel sensationeller wirkt und doch den Überraschungserfolg seines Vorgängers nicht vergessen lassen kann. Im *Roller Coaster Tycoon* herrscht eine nicht sehr neue isometrische Grafik vor. Es läuft deshalb selbst auf einem Pentium-200-PC einwandfrei. Chris Sawyer ist sich dieser Grenzen technischer und ästhetischer Art offenkundig bewusst, und es ist ihm gelungen, daraus ein künstlerisches Konzept zu entwickeln, das auch die Kids überzeugt. In einem Gespräch mit dem Fachblatt PC-Games sagt er: »Es war mir wichtig, dass man die Achterbahnen auf Anhieb wiedererkennt und man alle nachbauen kann, die auch in Wirklichkeit existieren. Das heißt aber nicht, dass auch die Grafik photorealistisch sein muss – ich habe mir von Anfang an einen Cartoon-Look gewünscht, wie eine eigene kleine Spielzeug-Welt, in bunten Farben und mit vielen Kleinigkeiten.« Und damit hat Chris Sawyer vermutlich genau ins Schwarze getroffen. In der immer rasanter und gleichzeitig kälter werdenden Spielewelt hat er ein geradezu idyllisch anmutendes, heimatliches, knallbonbonfarbenes Freizeitpark-Idyll geschaffen. In gewisser Hinsicht ist es ein altmodisches Spiel, und es sollte mich nicht wundern, wenn auch unsere Kids, angesichts des überwältigenden Angebots von immer rasanteren und aufwändigeren Spielen, zeitweise Anfälle von konservativen Gefühlen haben.

152

## Roller Coaster Tycoon

Der Freizeitpark im »Roller Coaster Tycoon« ist ein sorgfältig abgegrenztes Gebiet. Mit wenigen Mausbewegungen kann man kleine Karussells platzieren, Pommes-, Würstchen- und Eiscreme-Buden, eine riesige Achterbahn, wie gesagt, einen kleinen See mit Entchen drauf und vieles mehr, was zu einem beschaulichen Sonntagsausflug gehört. Aber anders als beim realen Sonntagsausflug können unsere kleinen Baumeister nicht nur bestimmen, wann sie sich die nächste Eiscreme gönnen, wann sie zum zehnten oder zwanzigsten Mal mit der Achterbahn hinauf- und herunterrattern, sondern sie können den Charakter des Parks selbst variieren. Und dabei wird, wie bei *Sim City*, wiederum eine überaus komplexe geistige Leistung verlangt.

Auch in diesem Spiel müssen sie genau berechnen, wie groß der finanzielle Einsatz und der Aufwand sein dürfen, den man z. B. für den Weiterbau der Achterbahn aufzubringen hat, sie müssen dafür sorgen, dass die Wege zur Achterbahn sorgfältig angelegt sind, dass sie möglichst an vielen anderen Park-Attraktionen vorbeiführen, sie müssen bedenken, dass der Andrang zu der sehr attraktiven Achterbahn überaus groß sein wird und man die Fahrten so organisieren muss, dass die Geduld der Besucher nicht übermäßig strapaziert wird. Sie müssen immer das Ganze im Auge haben und nicht vergessen, dass eine Attraktion, die alle anderen in den Schatten stellt, unter Umständen den Erfolg des gesamten Parks in Frage stellen könnte.

*Roller Coaster Tycoon,*
*ab 6 Jahre, Hasbro/Microprose, empf. VK 60,- DM*
• • • • • • • • • • • • • • • • • • • • • • • • • • • • • • • • • • • • • • • • • • • • • •

Was unsere Kinder bei diesem Spiel lernen, das ist Träumen vor einem realistischen Hintergrund. Phantasieren mit strategisch-planerischen Absichten. Und ich kann mir gut vorstellen, dass eines das andere nicht in Frage stellt, sondern befruchtet. Gerade in der Cyberspace-Welt macht es den Kindern heute vielleicht besonders Spaß, nicht nur immer wieder die Maß- und Endlosigkeit des Phantastischen zu erleben, sondern Phantasien in einem möglichst realistischen, einem begrenzten und alltagsnahen Raum zu realisieren. *Roller Coaster Tycoon* ist, denke ich, ein Spiel, das den Sinn der Kinder für Phantasie und Realität gleichermaßen ernst nimmt, und das ist vielleicht das Geheimnis seines Erfolges.

## Theme Park World

Realitätsnähe ist natürlich nur ein Element, das ein Simulationsspiel attraktiv machen kann. Auf der anderen Seite ist es immer wieder phantastisch, in welchem Maße die digitalen Bilder unsere Sinne in eine rasante Bewegung versetzen können. Eben dafür ist der Nachfolger des *Roller Coaster Tycoon* ein exzellentes Beispiel, eben der *Theme Park World*. Was Chris Sawyer seinen Spielern noch verwehrt, das wird hier in 3D-Technik brillant ausgespielt. Man baut nicht nur die Achterbahn, man sitzt gleich in ihr drin, rast die steile Bahn hinab und lässt sich in Schwindel erregende Höhen hochreißen. Kurzum, *Theme Park World* verwendet – wie *Roller Coaster Tycoon* – viele Motive eines planerischen Simulationsspiels und bietet gleichzeitig die Möglichkeit, abrupt die Perspektive zu wechseln und vom Erbauer zum Genießer, zum Konsumenten, zum vorbehaltlosen Touristen in der Freizeit-Simulations-Welt zu werden.

## Theme Park World

Die Grundmotive sind natürlich bei einem Freizeitpark immer die gleichen, und so ist es auch in diesem Spiel: Getränke, Hamburger, Eis, Pommes Frites, Kostüme und Luftballons, Schießbuden, kleine Spielhallen und dergleichen mehr. Über die »Menüs« regelt der Erbauer des Parks, wie oft sich das Karussell auf einer Fahrt dreht, wie schnell das Riesenrad rotiert, wie viele Besucher sich in eine Gondel drängen u.s.w. Auch hier gilt es, geschickt zu planen. Der übereifrige kleine Spieler, der überall Höchstwerte erzielen will – die schnellste Achterbahn bauen, die meisten Besucher anlocken, die größten Mengen an Eiscreme verkaufen – wird schnell darüber belehrt, dass ein Freizeitpark ein soziales System ist. Es kann nur über Regeln und das Einhalten eines vernünftigen Maßes am Leben erhalten werden. Sonst passiert es sehr schnell, dass die Achterbahn wegen Baufälligkeit geschlossen werden muss, dass ungezogene oder angetrunkene Rüpel ihr zerstörerisches Werk verrichten, dass Mechaniker überlastet sind und immer mehr Wachleute eingestellt werden müssen und schließlich, weil die Gäste in endlos langen Warteschlangen ungeduldig werden, weil der letzte Baum gefällt und von irgendwelchen rasanten Karussells zugebaut worden ist, weil das Ganze nicht mehr einem Park, sondern einer Betonsiedlung ähnelt, dass schließlich also das gesamte System zusammenbricht.

Insgesamt erreicht *Theme Park World* – genauso wie *Roller Coaster Tycoon* – nach längerer Spieldauer einen Komplexitätsgrad, der von dem kleinen Spieler kaum mehr überschaut werden kann. In *Theme Park World* haben die Spielemacher deshalb ein kleines, kugeliges Kerlchen versteckt, das an Einstein erinnert. Jedenfalls ist es ein kluger Kopf und hat die Aufgabe, den kleinen Spieler und Schöpfer, den ungeduldigen Baumeister auf Planungsfehler aufmerksam zu machen. Er kümmert sich auch darum, dass der Eintrittspreis in einer vernünftigen, aber nicht zu geringen Höhe festgelegt wird, dass die Pommes Frites in rentablen und nicht dem Hunger eines 12-jährigen Spieleschöpfers angemessenen Portionen verkauft werden, dass die Achterbahn zwar mindestens drei Loopings hat, aber nicht achtzehn. Und falls zwischendurch das Geld ausgeht, nimmt er Kontakt zu – und das ist von der Realität tatsächlich meilenweit entfernt – freundlichen Kreditinstituten auf.

Wer gut plant, viel Geld verdient, wird mit dem goldenen Schlüssel belohnt. Insofern kommt ein zwar simpler, aber immer wieder wirkungsvoller Mechanismus ins Spiel, bei dem die Kleinen wie in Erfolgstrainings-Programmen Punkte erzielen und sich mit anderen Spielern messen können. Vor dem Kauf dieses Spieles sollte man freilich bedenken, dass es einen verflixten »Hardware-Hunger« (PC-Games) an den Tag legt.

*Theme Park World, Bullfrog/Electronic Arts, empf. VK 89,90 DM*

Von Theme Park World gibt es auch eine amerikanische Fassung. Sie wird unter dem Namen Sim Theme Park angeboten, und damit sind wir wieder bei Will Wright.

# Die Sims

Noch immer tobt in der Computer-Fan-Gemeinde der Streit darüber, ob die Bezeichnung Sims von Simulation oder von Simples (= die schlicht Denkenden) abgeleitet ist. Egal wie, die jüngste Schöpfung von Will Wright, *Die Sims*, hat ein ganz neues Feld der Simulation erschlossen: unseren häuslichen Alltag. Es ist eine Mischung aus Aufbauspiel und Ich-Zeit-Strategie und – nach der Art von Gute Zeiten, schlechte Zeiten – eine Daily Soap, eine Seifenoper aus unser aller Alltag, in unendlich vielen Folgen.

### Die Sims

Der Spieler muss jeder Spielfigur Eigenschaften zuteilen. Hierfür stehen 25 Punkte zur Verfügung. Die Charaktermerkmale bleiben der Figur für ein ganzes Sim-Leben erhalten. Wie im wirklichen Leben, bleiben auch die simulierten Figuren sich alles in allem ziemlich gleich, ganz egal, was passiert. Es steht eine ganze Fülle von Spielfiguren in 3D-Technik zur Verfügung, einige sind versoffen und heruntergekommen, andere sexy und aufstrebend, wieder andere ehrgeizig oder häuslich, mies oder müde oder mildtätig. Wer ein wenig Geschick im Umgang mit dem Editor hat, kann sich sogar sein eigenes Antlitz – wie im neuen *Gameboy-Colour-Kinderspiel* – importieren. Am Anfang steht wieder, wie im wirklichen Leben, eine bescheidene Ausstattung. Ein kleines Häuschen, mit allem was dazu gehört, Bett und Bad und Plüschsofa. Wem das Fertighäuschen allerdings zu öde ausgefallen ist, der kann selbst Architekt spielen. Aber das Budget setzt den ausufernden architektonischen Phantasien doch einen recht engen Rahmen. Auch das ist wie im richtigen Leben: Schließlich und endlich läuft alles immer wieder auf einen nivellierten Standard hinaus.

Die Sims sind wie reale Menschen ziemlich launisch, mal zu Tode betrübt, dann wieder hochfahrend und optimistisch. Wer sich mit dem Tamagotchi und den Pokémon abgegeben hat, kennt sich einigermaßen damit aus. Es gibt acht Kategorien, in denen das jeweilige seelische Befinden der Sims definiert wird. Wenn der Spieler nun bestimmte Geräte, wie den Fernseher, mit der Figur in Verbindung bringt, so steigert sich das Wohlbefinden der Sims natürlich. Dadurch wird er auf vielfältige Art und Weise angenehmer. Wenn ich z.B. einen der Sims auf dem Heiratsmarkt anbieten will, dann empfiehlt es sich, ihm rechtzeitig einige dieser Glück schenkenden Objekte (von der Badewanne bis zur friedvollen Zeitungslektüre) angedeihen zu lassen. Nur ein glücklicher Sims ist erfolgreich – alles wie im richtigen Leben.

*Die Sims, Maxis/Electronic Arts, empf. VK 89,90 DM*

Von der Anordnung und der Art des Spieles ist die Sims-Familie ein Simulationsspiel wie andere auch. Das Besondere dieses Spiels liegt darin, dass sich unser kleiner Spieler mit einem ganz anderen Problembereich als in den übrigen Simulationsspielen auseinandersetzen muss. Sollten solche Familien- und Psychospiele in der Computerwelt der Kleineren tatsächlich populär werden, dann würde damit zweifellos ein Übungsfeld für soziale Kreativität geschaffen. Gewiss ein Bereich, der noch vollständig am Beginn seiner Entwicklung steht. Aber die Möglichkeiten, die damit verbunden wären, liegen auf der Hand. Es gibt bekanntlich für Schule und Psychologie eine ganze Reihe von Programmen und Trainings, in denen Kinder soziale Wahrnehmung lernen. Solche Übungen bestehen beispielsweise darin, eine Bildergeschichte mit relativ schematisch gezeichneten Vorgängen mit sechs Gesichtern und Gesichtsausdrücken in Beziehung zu setzen. Der kleine Patient soll herausfinden, welcher der Gesichtsausdrücke zum Charakter der jeweiligen Geschichte passt. Derartige Übungen sind nichts anderes als vergleichsweise anspruchslose Varianten dessen, was in Simulationsspielen unmittelbarer erlebt und reflektiert werden könnte. Wie gelingt es mir, andere Menschen für mich einzunehmen? Allein vor dem Spiegel stehen und mich ständig herauszuputzen, das reicht nicht. Es bedarf nicht allzu großer pädagogischer Kenntnis, um festzuhalten, dass dies eine Aufgabe ist, mit der eine 12- oder 13-Jährige ganz erheblich Lebenserfahrung sammeln kann. Kommunikation und Beziehungsaufnahme als Trockenübung! Vielleicht bleibt unseren kleinen Teenies damit im realen Leben manche Enttäuschung erspart. Um in der Schule oder im Beruf voranzukommen, reicht es nicht aus, ehrgeizig zu sein und verbissen zu lernen. Mindestens ebenso wichtig ist, dass man Freunde hat, die einem notfalls helfen, bei denen man in problematischen Situationen einfach anrufen und um Hilfe bitten oder sich informieren kann. Wieder so eine soziale Übung, die, wenn ich sie in Echtzeit im Computerleben durchgespielt habe, ihre Spuren im alltäglichen Verhalten hinterlassen würde.

## Die Sims und das soziale Elend

*Die Sims* sparen auch die härtere Seite des Lebens nicht aus. Schließlich ist es ein Spiel, das aus Amerika kommt und die amerikanischen Verhältnisse spiegelt. Geld verdienen steht entsprechend im Zentrum vieler Bemühungen, vielleicht für die Kleinen zu sehr! Immerhin muss ich als Familienvater und Familienmutter (und die Teenies sind auch nicht ausgenommen), dafür sorgen, dass immer anständig Kohle auf dem Konto ist. Denn ein leeres Konto führt erbarmungslos zum Rausschmiss aus der Wohnung und schließlich zum Hungertod. Sozialhilfe oder andere Unterstützung sind nicht vorgesehen. Man muss schon rechtzeitig auf der Hut sein. Und nun kommt noch ein wesentlicher und neuer Aspekt hinzu. Ich kann zwar eine Reihe von Sims-Figuren, soweit sie zum Umkreis der Familie gehören, mit Eigenschaften ausstatten, aber auf der Grundlage dieser Charaktereigenschaften kommunizieren sie dann durchgehend mit ihrer Umgebung. Wenn also die Nachbarn zu Besuch kommen, dann werden die Mitglieder meiner Sims-Familie sich ganz entsprechend ihrer Eigenschaften verhalten. Sollte sich herausstellen, dass ich mir ganz unerträgliche Charaktere zusammengebastelt habe, wird der Besuch der Nachbarn zur Katastrophe. Eine Reihe solcher Katastrophen, die im Persönlichkeitsprofil der Sims angelegt sind, führt wiederum in den sozialen Abstieg, letztlich in ein ziemlich niederschmetterndes soziales Elend.

*Die Sims*

Insgesamt wird eine in allen Richtungen wache Intelligenz gefordert. Wieder muss der kleine Spieler sich mit verschiedenen Bedingungen und Faktoren auseinandersetzen, die zuletzt ein ganz bestimmtes Ergebnis haben. Im Fall der Sims eben erfolgreiche oder misslungene kommunikative Situationen, glückliche oder frustrierende Beziehungen innerhalb der Familie, im Beruf. Es gehört zu den phantastischen Möglichkeiten dieses Spieles, dass ein kleiner Spieler, wie in einem Verhaltenslabor, seinen Figuren die Eigenschaften wegnehmen oder hinzufügen kann, um dann zu sehen, wie sich solche Verhaltensänderungen im Leben auswirken. Die Übertragung dieser Erfahrung auf die eigene Wirklichkeit ist dabei nahe liegend. Mit dieser oder jener Eigenschaft, folgert unser kleiner Spieler, gelange ich zu Erfolg oder Ansehen, zu Freundschaften, mit anderen Eigenschaften bleibt mir das versagt. Das ist im Abstrakten leicht zu verstehen, aber schwer zu lernen. Wenn wir uns außerdem die geringe Effektivität beim Training von sozialem Verhalten in den traditionellen Institutionen vor Augen halten, dann wird uns deutlich, welch ein Chance sich möglicherweise mit den Simulationsspielen im Computer gerade bei diesem Themenkomplex auftut.

# Caesar 3

Zum Abschluss unserer kleinen Tour durch die Welt der Simulationsspiele möchte ich noch ein Spiel vorstellen, das uns in eine konkrete historische Umgebung entführt: Caesar 3. Der Name sagt es schon, es geht um das alte Rom.

### Caesar 3

Caesar hatte es auch nicht leicht. Jedenfalls nicht, solange er noch Sekretär oder Präfekt in einer Stadtverwaltung tief in der Provinz war. Es war ein langer Weg von dort bis zum Caesaren, und der Spieler geht ihn mit. *Caesar 3*, das neueste Simulationsspiel von Sierra, ähnelt in Aufbau und Spielweise *Sim City*, insofern nichts Neues. Es ist nicht so komplex wie *Civilization*, dafür übersichtlicher. »Meine« Kinder haben viel Spaß mit Caesar und legen einen beachtlichen Eifer an den Tag, was – wie bei *Roller Coaster Tycoon* – mit der Übersichtlichkeit des Spielplanes zu tun haben wird. Dabei ist *Caesar 3* kein einfaches Spiel; einfache Simulationen gibt es nicht.

Der spielende Schöpfer römischer Stadtwelten muss bei-spielsweise im Auge behalten, dass nicht nur Nahrungsmit-tel in erreichbarer Nähe angebaut werden, nicht nur ausrei-chend Häuser für die notwendigen Arbeitskräfte vorhanden sind und die dafür benötigte Infrastruktur errichtet wird, er hat auch an den Zorn der sechs Götter zu denken, die darauf harren, dass ihnen zu Ehren ein Tempel geweiht wird. Die Vernachlässigung der geistigen und der mystischen Bedürf-nisse einer Stadtbevölkerung können sich übel rächen – wie wir aus den Städten unserer Tage ja auch wissen.

Die Handhabung, wie gesagt, ist einfach, ich benötige ausnahmsweise kein aktentaschenschweres Handbuch, um in das Spiel hineinzufinden (das beiliegende Caesar-Büchlein gehört zu den gelungeneren Manuals). Hier haben sich Spiel- und Programmierfreaks ausnahmsweise nicht munter über die Bedürfnisse ihrer jungen Kunden hinweggesetzt, sondern offenkundig Schritt für Schritt überlegt, ob der Fortgang der Spiele logisch, rational und nachvollziehbar ist.

Er ist es, wenn auch nicht, wie empfohlen wird, für Sechsjährige. Aber für Kinder ab etwa zehn ist »Caesar 3« ein intelligentes und intelligenzförderndes Vergnügen. Daran beteiligt sind gleichermaßen die plastischen Bilder, der Spielverlauf und die Freude an den eigenen strategisch-planerischen Fähigkeiten, die man erfolgreich zur Geltung bringt.

*Caesar 3, ab 6 Jahre, Sierra/HAVAS, empf. VK 49,95 DM*

# Detektivspiele: zwei Highlights und viel Mittelmaß

Detektivspiele gibt es in allen Medien für Kinder, natürlich auch als Computerspiele. Ich werde zum Schluss dieses Kapitels einen sehr gelungenen »Krimi« mit etwas Fantasy- und Endzeitstimmung vorstellen, aber zuerst ist von einer riesengrossen Ungereimtheit zu berichten. Sie hat den Namen *TKKG*.

# TKKG

Natürlich kennt dieses Kürzel jeder, der sich mit Kindermedien befasst. Dahinter verbergen sich vier junge Detektive, drei Jungen und ein Mädchen, die Stefan Wolf erfunden und höchst erfolgreich auf dem Kinderbuchmarkt platziert hat. *TKKG* war schon als Buchreihe kein innovatives Spitzenprodukt. Die Charaktere entsprechen gängigen Klischees – das Mädchen natürlich blond und clever, die drei Jungen verkörpern der Reihe nach oft gesehene Typen: der Clevere, der Dicke, der Sportliche – alles, wie gehabt, und trotzdem oder gerade deshalb war und ist *TKKG* ein Erfolg, und das will etwas bedeuten.

Offensichtlich gelingt es Wolf immer wieder, die *TKKG*-Fangemeinde mit seinen Ideen und Personen bei der Stange zu halten. Die Geschichten sind allesamt etwas bieder, spielen im Kleinstadtmilieu, beginnen und enden immer in demselben Eiscafé. Vertrautheit und Provinz an allen Ecken und Enden. Auch die Geschichten sind so, dass man bei jeder denkt: die kenne ich doch (aber woher?)! Und dieser Wiedererkennungswert von Buch zu Buch, ja, von Seite zu Seite macht wahrscheinlich den ganzen Erfolg aus. *TKKGs* sind die Derricks der Kinderliteratur.

Ein großes Manko in der Vermarktung von Kindersoftware bestand darin, dass die Eltern sich nicht recht auskannten und deshalb populäre und möglichst harmlos klingende Titel nachfragten. Da lag die Idee auf der Hand, *TKKG* zu »digitalisieren«. Tivola kam zuerst darauf und landete damit einen echten Coup.

So stießen ratlose Eltern, die in der Computerabteilung ihrer Buchhandlung vor einem zwar begrenzten, aber völlig unbekannten Kindersoftware-Sortiment standen, auf *TKKG*. Cleveres Logo, rasche Wiedererkennung, ein Blick auf die Handlung, »garantiert ungefährlich«, und schon wird gekauft. So oder so ähnlich kamen die ersten Detektiv-Titel der Tivolas in die Kinderzimmer.

Und dann begann das kleine Wunder. Den Kids gefiel es. Dabei war und ist das gar nicht selbstverständlich. Denn im

Vergleich zu den teilweise hochbrisanten und raffinierten Kinderspielen ist *TKKG* in der Computerfassung mindestens so schlicht wie in der Buchform. Einfache, sehr einfache Zeichnungen, mäßige Animationen – da bewegt sich gerade mal ein Mund oder eine Augenbraue, während der Rest des Gesichtes maskenhaft unbewegt bleibt – die Szenarien sind recht brav ausgemalt und lassen bei weitem nicht jenen Ehrgeiz erkennen, der *Willy, der Zauberfisch* oder andere Tivola-Titel auszeichnet – na, und die Stories sind so wie im Buch. Alles schon mal dagewesen.

Die *TKKG*-Macher müssen in einer permanenten Furcht vor Originalität leben!

Wie auch immer, es gefiel den Kids und es gefällt ihnen heute noch. Die Spiele werden neuerdings etwas komplexer, das vorletzte (*Das Rätsel der Villa Drachenkralle*) lässt sogar Ansätze von psychologischer Gestaltung erkennen – aber im Großen und Ganzen bleibt *TKKG* was es immer war: Dutzendware der höchst erfolgreichen Art.

• • • • • • • • • • • • • • • • • • • • • • • • • • • • • • • • • • • • • •

## TKKG
### mehrere Titel

Die Macher hatten eine Grundidee, die für ein Detektivrätsel nicht übel ist. Ein Stadtpanorama tut sich vor dem Spieler auf, darin fünf »Fenster« mit fünf Handlungsorten. Am Rande des Bildschirms erscheinen außerdem die *TKKGs* und schon geht die Rätselei und Befragerei los. Mein Sohn Dominic, ein begeisterter *TKKG*-Spieler, hat Handlungsverläufe und die Art des Frage- und Antwortspiels im Kasten beschrieben. Nähere Einzelheiten dort nachlesen! Wenden wir uns inzwischen der Frage zu, was in aller Welt die Kids an dem durchschnittlich gezeichneten und animierten Spiel so interessiert.

Ich vermute: zuerst mal eben diese Schlichtheit. Sie hat etwas Überzeugendes. Dazu kommt ein weiterer, wichtigerer Punkt. Nämlich der, dass der kleine Spieler nicht nur ein, sondern vier Detektive verkörpern darf. Der

Wunsch nach Rollentausch, Verkleidung, Ich-Wechsel ist ein uralter Kindertraum. Er wird in anderen Spielen sehr viel aufwendiger genährt. Bei TKKG ist es aber so, dass gerade die Simplizität der Bilder einen fixen Rollentausch leicht macht. Mal bin ich Klößchen, mal Karin. Der Unterschied ist nicht groß. Ich frage immer dieselben Personen, sie antworten mit Synchronstimmen, die sehr routiniert, aber ohne sonderlichen Aufwand an Betonung und Dramatik arbeiten. Auch die Bilder lenken nicht durch übermäßige Detailverliebtheit ab. Sie ziehen kaum Aufmerksamkeit auf sich. Alles bleibt konzentriert auf die Darstellung des detektivischen Spielrätsels, ausreichend gut gemacht, um unsere bilderverwöhnten Kinder nicht abzuschrecken, und mäßig genug, um nicht abzulenken. Wie Derrick eben.

Auf diesem Hintergrund können dann die Masken der Mayas (*Das Geheimnis der Mayas*), die Drohungen anonymer Briefeschreiber, die Entführung eines Hundes tatsächlich ihren altmodischen Reiz entfalten. Ich habe immer das

Gefühl, das der (oder die?) *TKKG*-Schreiber ein netter Herr mittleren Alters (wohl eher der zweiten Lebenshälfte zugeneigt) ist, der sich die Geschichten, die ihm als Zehn- oder Dreizehnjähriger auf dem Schulweg durch den Kopf gingen, alle gemerkt hat und sie jetzt der Reihe nach zu *TKKG*-Folgen umarbeitet (ein beneidenswerter Mensch!).

Hin und wieder taucht ein Computer auf, den es vor vierzig Jahren noch nicht gab, aber das ist schon alles an Insignien der modernen Welt, ansonsten leben die *TKKGs* im beruhigten Kleinstadtmilieu der frühen Sechziger. Und so besehen, ist *TKKG* auch ein wenig Heimatkitsch für Kinder, Rückbesinnung auf die gute alte Zeit, als alles noch in Ordnung war, die Väter arbeiteten und Geld nach Hause brachten und die Mütter vorwiegend in der Küche und auf Elternsprechabenden in Erscheinung traten, als Schlossruinen noch keine Edelrestaurants beherbergten, sondern Geheimgänge, und im Übrigen einfach in der Gegend herumstanden und von niemandem genutzt wurden, als Schokolade in der kleinen Fabrik am Stadtrand hergestellt und von einem einzigen Betriebsleiter gemixt und kontrolliert wurde, als die Apotheker so alt und freundlich waren wie Stadtbibliothekare und beide über ein enormes Wissen verfügten, das mal mit den Mayas und mal mit der Herstellung von Schokolade zu tun hatte. Viele viele Fakten, quer durcheinander, wie in der Schule. Offenkundig ist dieser Mix aus idyllischen Verhältnissen und Detektivspielen auch für unsere modernen Kinder überaus attraktiv.

*TKKG, ab 8 Jahre, Tivola, empf. VK 49,90 DM*

Bei diesem Spiel strengen sich unsere Kids an, sie kombinieren, sie geben sich mit diesen Spielen reichlich Mühe, ich staune immer wieder darüber. Wenn Ihre Kinder also an *TKKG* Spaß haben (das trifft nicht auf alle, aber auf erstaunlich viele Zehn- bis Vierzehnjährige zu), dann zögern Sie nicht. Es ist ein Geburtstagsgeschenk ohne Risiko. *TKKG* spielen ist wie alte Schneider-Bücher lesen.

# Ein Fall für Mütze

Ein zweiter Tivola-Versuch mit Detektivgeschichten verlief nicht ganz so erfolgreich. Schade eigentlich. Denn *Ein Fall für Mütze* ist ein gutes Stück origineller als das erfolgreichere *TKKG*.

· · · · · · · · · · · · · · · · · · · · · · · · · · · · · · · · · · · · · · · · · · · · · · · · ·

### Ein Fall für Mütze

Die Zeichnungen in diesem Spiel haben einen unverwechselbaren, leicht skurilen Strich, die Gesichter sind allesamt ein wenig verknödelt – besonders die Nasen sowohl der drei Jungen wie der reichen, netten, aber etwas zickigen Marlena sind Wunderwerke an Kartoffelknollen, mitten zwischen die Augen gepappt – und trotzdem haben die Mütze-Figuren Charakter. Mir gefallen sie gut. Die Story ähnelt zwar einer Detektivgeschichte aus den Fünfzigern, ist aber raffinierter gestrickt. Die Zeugenaussagen sind mehrmals gebrochen. Einer hat was gesehen, was ein anderer ähnlich, aber etwas anders gesehen hat, ein Dritter berichtet eine ganz andere Variante und ein Vierter hebt noch einen anderen Aspekt hervor. Und schon klingt die ganze Geschichte ziemlich verwirrend und rätselhaft.

Die Kinder trainieren bei Mütze etwas, wozu diese Detektiv-Spiele eigentlich einladen (und was bei *TKKG* nicht genügend genutzt wird): Rollentausch, Perspektivenwechsel, Wahrnehmungsdifferenzierung. Dass eine Person andere Überzeugungen, ja, andere Erlebnisweisen hat als man selbst, das zu erfahren ist ein Stück soziales Wahrnehmungstraining. Keine ganz einfache seelische Leistung für Kinder, sie werden hier dadurch belohnt, dass sie einem spannenden Rätsel auf die Spur kommen.

In diesem Spiel kann durchaus Sensibilität für fremde Schicksale entwickelt werden. Dass Menschen ganz unterschiedlich und auf eine bestimmte Weise sich wiederum sehr ähnlich sind, dass Einfühlung und auch Mitgefühl möglich sind. All das könnte im Medium solcher Detektivspiele geübt, gelernt werden. Unaufdringlich, manchmal spannend.

Es gibt nur ein Geschehen, aber mehr als eine Wahrheit. Das ist eine Einsicht, die man nicht unbedingt in Computerspielen erwartet – die aber gerade hier plausibel werden kann.

*Ein Fall für Mütze* & Co, ab 8 Jahre, Tivola, empf. VK 69,- DM

Ich habe keine Zweifel, dass sich aus den Anlagen von Spielen wie *Ein Fall für Mütze* und auch *TKKG* erstklassiges Sozialtrainingsmaterial zusammenstellen ließe. Man müsste sich dazu allerdings von den sehr klischeegebundenen Handlungswegen verabschieden und neue, überraschende, auch differenziertere Fragen und Antworten, die mehr  psychologisches Profil haben, in die Storys einweben, Denken, das über mechanisches Anwenden von Wissen oder Rätseln deutlich hinausgeht, Teilwahrheiten zusammenpuzzeln, Wahrheitsaspekte gewichten, kurz, Personen und Handlungen verstehen, nicht nur überführen. Das wäre doch eine sozial komplexe Form des medialen Spiels. Sie ist in den Spielanlagen enthalten. Warum wird sie nicht weiter verfolgt?

Wie wichtig, ja, wie zentral Übungen, in denen soziales Wahrnehmen und Verstehen gefördert wird, für unsere Kinder sind, liegt ja auf der Hand. Die Klagen über die mangelnde soziale Sensibilität und über die geringe Bereitschaft zu Rücksichtnahme und Mitgefühl füllt Universitätsbibliotheken. Es fehlt nur an praktischen Vorschlägen. Keine Frage, dass die Software-Hersteller hier eine großartige Aufgabe hätten, die, würde sie von pädagogischen Institutionen unterstützt, auch bei Eltern und Kindern Anklang fände.

# Mit Detektivspielen Einfühlungsvermögen lernen

Diese oben skizzierten Überlegungen führen uns zu einem weiteren lernpsychologischen Aspekt, der mit Hilfe von Computerspielen genutzt werden kann und uns einen weiteren Hinweis darauf gibt, was mit und in diesem Medium möglich ist.

Es gibt eine bedeutsame Studie über die Differenzierung der kindlichen Wahrnehmung, die, ausgehend von Piagets Überlegungen zur Entstehung des kindlichen Gewissens, zu überraschenden Ergebnissen kam. Der Aufbau dieses Versuches ist ein wenig kompliziert, ich will ihn trotzdem kurz referieren:

Ein Versuchsleiter befindet sich mit dem Kind und einem Mitarbeiter in einem Raum. Auf einem Tisch liegt eine Schachtel Pralinen. Der Mitarbeiter verlässt den Raum. Während er sich draußen aufhält, leert unser Versuchsleiter unter den Augen des Kindes den Inhalt der Schachtel und füllt sie mit Buntstiften. Er achtet darauf, dass das Kind diesen Vorgang genau wahrnimmt. Der Mitarbeiter kommt nach kurzer Zeit wieder herein, greift zur »Pralinen«-Schachtel und will sie öffnen. An dieser Stelle wird der Versuch gestoppt und das Kind gefragt, was der Mitarbeiter wohl in der Schachtel zu finden erwarte.

Kinder bis etwa zum vierten Lebensjahr beharren darauf, der Mitarbeiter erwarte selbstverständlich, Buntstifte in der Schachtel vorzufinden. Es hatte ja gesehen, dass sich tatsächlich Buntstifte in ihr befinden. Erst mit den folgenden Lebensjahren erwirbt ein Kind die Fähigkeit, eine zentrale Unterscheidung zu treffen. Es lernt, zwischen dem, was es selbst sieht und weiß und dem, was ein anderer Mensch sieht und weiß, zu differenzieren.

Etwa ab dem fünften Lebensjahr beginnt ein Kind, den »Denkinhalt« (Gardner) eines anderen Menschen für sich selbst darzustellen. Das ist etwas anderes als das spontane Mitgefühl, das schon kleinere Kinder zeigen. Hier geht es um einen relativ komplexen Denkvorgang: »Die andere Person denkt über die Dinge, die ich gesehen und verstanden habe, anders als ich. Sie hat demzufolge andere Überzeugungen, andere Vorgehensweisen usw.« Erst wenn diese Denkschritte möglich geworden sind, ist in der kindlichen Seele die Grundlage für ein soziales Verhalten gelegt, das nicht mehr selbst-zentriert ist.

Gute Werteerziehung in Kindergarten und Grundschule und darüber hinaus muss den Kindern die Erfahrung vermitteln, dass in jedem Menschen eine innere Landkarte von seelischen und geistigen Vorgängen liegt, die sich von der seinen unterscheidet. Und die – was ganz wichtig ist – die eigene (ego-zentrierte) innere Landkarte ergänzt, denn die ist genauso begrenzt wie die der anderen Menschen. Kinder etwa ab dem fünften Lebensjahr verstehen dies, sie müssen aber wohl immer wieder darin geübt werden. Das Spielplateau der Detektivspiele bietet ein weites Spektrum von Aufgaben und Ideen, bei denen zwanglos Wahrnehmungstraining (etwa die Beobachtung eines Gesichtes, während ein Zeuge vermutlich eine Lüge erzählt, oder die Berücksichtigung von persönlichen Interessen bei einer Zeugenaussage usw.), Logiktraining und Gedächtnisübungen miteinander verknüpft werden – Moralerziehung ohne erhobenen Zeigefinger.

## Fünf Freunde

Im Herbst ´99 startete Ravensburger eine neue Detektivreihe, den Erfolg von *TKKG* vor Augen. Sie brachten Enid Blytons unsterbliche *Fünf Freunde* ins Rennen – mit viel

PR, im Inhalt nicht ganz so munter. Kein Zweifel, die *Fünf Freunde* haben auf längere Sicht durchaus alle Chancen, zu einer der ganz populären Detektivreihen auf dem Computerspiele-Markt zu werden. Die Ansätze hierfür sind durchaus vorhanden. Aber vorerst fehlt noch einiges...

## Fünf Freunde auf Schatzsuche

Das einzig Positive an diesem Spiel ist die Grafik. Sie ist im Vergleich zu den TKKG-Folgen aufwändig. Das schöne alte Herrenhaus, nahe am Strand, in dem das erste Fünf Freunde-Abenteuer (Fünf Freunde auf Schatzsuche) startet, ist wunderschön. Dasselbe gilt für die Bilder vom Strand und für das geheimnisumwitterte Bootshaus, neben dem der alte Franz seine Netze flickt. Es fängt eigentlich alles sehr gut an.

Aber die Freude währt nicht lange, beziehungsweise eben zu lange. Die Geschichte kommt nicht in Fahrt. George ist verschwunden, der Spieler weiß längst, dass da irgendetwas im Busch ist, aber die braven Figuren, Papa und Mama vorweg, haben von nichts eine Ahnung, und der bedauernswerte Dick trottet vergeblich zwischen Herrenhaus und Bootshaus hin und her und her und hin und kommt, wie das ganze Spiel, nicht von der Stelle.

Was sich die Spielemacher bei dieser langwierigen Eröffnung gedacht haben, ist mir schleierhaft. Ich habe jedenfalls erleben müssen, dass die Kinder, mit denen ich die *Fünf Freunde* zu spielen begonnen hatte, anfangs viel Spaß an den schönen Bildern hatten und dann ziemlich bald die Lust daran verloren, ständig hin- und herzurennen, ohne klare Perspektive, wie es denn nun weitergehen soll.

Dabei fängt alles aufregend an – wie wir es von Enid Blyton eben gewohnt sind. Ein dubioser Professor hat sich im Felsenhaus eingenistet (die Felsen selbst sind übrigens kleine Wunderwerke an digitaler Bildproduktion). Er interessiert sich auffällig für ein vor Urzeiten vor der Felseninsel gesunkenes Wrack. Und dann ist George verschwunden... und dann gehts einfach nicht richtig weiter...! Was Enid Blyton perfekt beherrschte, nämlich die Dramaturgie einer Handlung und den effektsicheren Aufbau von Spannung und Rätsel und Teillösung, das müssen die Spielemacher erst noch lernen. Georges Verschwinden erzeugt schon deshalb keine Spannung, weil es von den beteiligten Personen gar nicht richtig ernst genommen wird. Aus solcher Diskrepanz von

175

Ahnungslosigkeit der Helden und heraufziehender Gefahr kann in einer Erzählung enorme Spannung erwachsen. Im Computerspiel ist das anders. Hier gibt es keine Atmosphäre »zwischen den Zeilen«. Hier muss es viel direkter, sichtbarer zugehen. Der kleine Spieler braucht darüber hinaus eine Figur, die von Anfang an die Identifikation auf sich zieht. Bleibt beides aus, verläuft das Spiel in langweiliger Leere.

Zu den inhaltlichen Schwächen gesellt sich ein ästhetischer Mangel. So elegant die Szenerien konstruiert und dargestellt sind, so flächig fallen die handelnden Figuren aus. Es sind Comic-Zeichnungen auf mittlerem Niveau, nicht schlechter als die *TKKGs*, aber auch nicht wesentlich detailreicher, nicht lebendiger. Offenkundig gab es bei den Herstellern das Bemühen, die kleinen Detektive möglichst realistisch zu gestalten. Dazu bedarf es aber nach wie vor eines erheblichen Programmieraufwandes und darüber hinaus eines vorzüglichen Gespürs für Details, für Ausdruck, Bewegung usw. Eben damit, mit den Details könnte die ganze Spannung eines Spiels aufgebaut werden... das wäre was. Aber dann muss man den Detailreichtum nicht nur in der Gestaltung der Hintergründe, sondern auch der Personen durchhalten. Oder – wie Elroy, auf den wir gleich kommen – den Bruch zwischen Personenzeichnung und Hintergrund selbst wirkungsvoll einsetzen. Es gibt viele Möglichkeiten. Keine wurde genutzt.

*Fünf Freunde auf Schatzsuche,*
*ab 7 Jahre, Ravensburger Interactive, empf. VK 49,- DM*

Auch für die *Fünf Freunde* gilt, was für alle Computerspiele gilt: Wenn sich eine realistische Zeichnung als zu aufwändig herausstellt, dann beschränkt man sich besser auf eine reduzierte, aber dafür durchgängige Gestaltung. Das wurde bei den *Fünf Freunden* nicht getan, vielleicht nicht gewagt, und so entsteht das paradoxe Ergebnis, dass die *TKKGs*, die insgesamt sparsamer gezeichnet und programmiert sind, letzlich überzeugender wirken. Einfach, weil dort Gestaltung und Gesamtcharakter der Geschichte in sehr simpler Weise übereinstimmen und so immerhin eine einheitliche Bilderwelt entsteht, die Spannungselemente zur Geltung bringen kann. Die *Fünf Freunde* leiden an einer ästhetischen Unentschiedenheit, einem Mangel an Geschlossenheit in der halbrealen Phantasiewelt, in die der Spieler aus diesem Grund niemals ganz hineinfindet und von der er sich zuletzt – so jedenfalls war es bei meinen Testkindern – abwendet. Immerhin, ein Anfang ist gemacht. Und wenn diese Detektivspiele nicht über ihren ersten Fehlversuch stolpern, darf einiges von ihnen erwartet werden.

# Elroy

Vor dem Hintergrund des wenig geglückten Versuches mit den *Fünf Freunden* denkt man voller Wehmut an zwei vor drei Jahren (ebenfalls bei Ravensburger) gestartete Detektiv- und Abenteuerspiele, die alle Vorzüge aufweisen, die man bei den *Fünf Freunden* noch schmerzlich vermisst.

Aber die Welt ist ungerecht, entsetzlich ungerecht, wer wüsste das nicht. Der kommerzielle Fehlschlag der beiden *Elroy*-Spiele ist ein Beleg dafür. Hätte es nicht dieses eine Mal gerechter zugehen können?

*Elroy* ist jedenfalls mein nächster glühend heißer Tipp für alle Väter (und Mütter natürlich auch), die für ihre Kinder ab etwa neun Jahren ein spannendes Abenteuerspiel auf einem guten, ja hohen Darstellungsniveau suchen. Zwei Spiele sind auf dem Markt, Ravensburger hat sie ´99 dankenswerterweise noch einmal als Doppelpack preisgünstig auf den Markt gebracht. Diese Spiele sollten aber bitte nicht verramscht werden! Elroy ist und bleibt ein seltener Lichtblick im Angebot der Kinder- und Jugendsoftware und soll im Folgenden gebührend gewürdigt werden.

## Elroy und der Techno-Käfer
## Elroy auf Gangsterjagd

*Elroy und der Techno-Käfer* war das erste tolle Spiel aus dieser Reihe, das von seinem Nachfolger *Elroy auf Gangsterjagd* sogar noch übertroffen wurde. Ich plädiere dafür, dieses Spiel als Anschauungsmaterial für die exzellente Nutzung der Möglichkeiten in Computerspielen in den Unterricht aller Hochschulen für Grafik und digitalen Labors aufzunehmen. Drei Bildebenen werden eingeführt, sie sind präzise voneinander geschieden. Die erste Ebene besticht durch eine sehr lustige, comicartig reduzierte Darstellung. Die zweite Ebene führt die Hauptfiguren im Comicstil weiter, während der Hintergrund (Hausfronten, U-Bahnhöfe, Läden, Spielhallen usw. – eine moderne Welt!) durch brillante schwarz-weiß Fotografie überzeugt – das schafft ein spannungsreiches Verhältnis von Vordergrund und Hintergrund, eine raffinierte Bruchlinie, die quer durch die Bilder führt und eine halbreale Szenerie erschafft. In dieser Quasi-Realität entfaltet sich dann eine ebenso halbrealistische Geschichte. Alles passt ineinander. Die atmosphärische Verdichtung erzeugt eine Spannung, die bereits wirksam wird, bevor die Geschichte richtig losgeht – und die lässt sich anfangs durchaus Zeit, langweilt aber nicht. Die dritte Bildebene, das sind »gezeichnete Fotos«, noch so ein merkwürdig verwickelter Bildeinfall. *Elroys* Köter namens *Blue* ist der Erzähler der *Elroy*-Story – und wie, mit einer wunderbar tremolierenden Bassstimme! – und lässt dabei in rascher Geschwindigkeit eine Reihe von schwarz-weißen Zeichnungen ablaufen, die als windschiefe, uralte Fotos aus Omas Album daherkommen. Das klingt, wenn ich es sprachlich erkläre, möglicherweise ziemlich verwirrend, ist aber als Anblick absolut plausibel. Es ist eben raffiniert.

Die Raffinesse zeigt sich ja eben darin, dass man sie »sprachlogisch« gar nicht so einfach wiedergeben kann, aber beim Betrachten auf Anhieb versteht. Selten bin ich vom ersten Bild an so sehr in eine Handlung hineingezogen worden. Wenn man sich vor Augen hält, wie viel aufwändige

Überrumpelungsästhetik Spiele wie *Civilization* aufbieten, um den Spieler am Anfang in ihre Bildwelt hineinzuziehen, dann weiß man *Elroys* schlichte Einleitung mit ihrer atmosphärischen Dichte erst recht zu würdigen. Ein Glanzstück, ich kann es gar nicht oft genug sagen.

Die Texte sind urkomisch, ohne gewollt witzig zu sein. Auch da können unsere Kleinen und viele Große eine Menge für ihren Deutschaufsatz lernen. Stilistische Feinheiten, Zwischentöne! Die geschickte Verknüpfung unterschiedlicher Darstellungsebenen, Perspektivenwechsel – es ist alles da! Aber offensichtlich haben nur wenige hingeschaut. Elroy, wie gesagt, ist kein Verkaufserfolg.

Dem kleinen Spieler wird, während er der quietschend-lustigen Geschichte zuschaut, deutlich, dass er immer nur eine Variante der Wahrheit erfährt, es gibt daneben mindestens noch eine und wer weiß wie viele andere mehr. Genau daraus erwächst Spannung. Mitten in den lustigen, pointierten Texten und Bildern entstehen Zwischentöne, die ein Gefühl von Unheimlichem verbreiten. Je weiter die Erzählung fortschreitet, desto unwirklicher wird sie – nein, ich sollte es anspruchsvoller und damit dem Charakter des Spieles angemessener sagen: desto doppelbödiger erscheint das Reale, desto mehr Unterschichten von Unheimlichem brechen auf. Klassisch romantische Motive werden erkennbar, aber das heißt nun beileibe nicht, das das *Elroy*-Spiel bemüht oder bildungsüberladen wirkt. Nichts davon. Was es hier zu sehen gibt, ist nicht mehr und nicht weniger als die Leichtigkeit und Schlichtheit einer perfekten Bilderzählung. Und was den bemühten Literaturversionen auf CDs meist nicht gelingt, das lässt sich in beiden *Elroy*-Spielen beobachten: die Übertragung von literarischen Kriterien in das Genre des Computerspiels. *Elroy* ist Spitzenklasse, mein absolutes Lieblingsspiel! Bitte merken, notieren, jetzt kaufen. Morgen könnte es zu spät sein.

*Elroy und der Techno-Käfer,*
*ab 7 Jahre, Ravensburger Interactive, empf. VK 79,- DM*

*Elroy auf Gangsterjagd, ab 7 Jahre,*
*Ravensburger Interactive, empf. VK 79,- DM*

Solch ein Urteil klingt leicht ein wenig überzogen. Aber es ist mir ganz ernst damit. Denn nur auf der Grundlage einer ästhetisch komplexen Gestaltung wäre mein Vorschlag einzulösen, Computerspiele dieses Genres in das soziale Training in Schulen, Kinderarbeit und Beratungsstellen einzubinden. Ein weiterentwickelter *Elroy* wäre erstklassiges Material dafür. Aber daraus wird wohl nichts. Ravensburger hat die *Elroy* Serie nicht weiterverfolgt, und damit ist eine Chance, der man nur nachtrauern kann, vergeben. Ich sag´ es ja, die Welt ist ungerecht und wirkliche Verdienste, erst recht künstlerische, werden selten belohnt.

## Die Abenteuer von Valdo und Marie

Was auf der Ebene der Detektivspiele nicht so recht gelingt – und schon bei Elroy eigentlich in ein anderes Genre gehört: sozusagen eine Fantasy-Gangsterjagd – das versucht Ubi Soft jetzt mit einem historischen Abenteuer aus der Welt der Piraten.

## Die Abenteuer von Valdo und Marie

Das Spiel überzeugt durch schöne Bilder und einen langsamen, ruhigen Ablauf der Geschichte, die sich die Zeit lässt, Atmosphäre aufzubauen. Zwischendurch kann man immer wieder durch eine sehr hübsch gestaltete Hafenstadt aus dem 15. Jahrhundert wandeln, um schließlich mit Valdo auf einem dieser »Seelenverkäufer« einzulaufen, von denen wir seit Robert Stevensons Schatzinsel wissen, dass unseren Helden dort nicht viel Gutes erwartet. Das Schiff rauf und runter: Auf vier Ebenen gibt es – wie in diesem Genre üblich – einiges zu sammeln und zu lösen.

Es geht das Gerücht um, dass die Aufgaben in diesem Spiel leicht, gar zu leicht seien. Das mag alles auf ausgemachte Spiele-Freaks zutreffen, aber nicht auf meine Testkinder und mich selbst. Auch die cleversten und spielerprobten Dreizehnjährigen hatten immer wieder Mühe, das Schiff etwa in die richtige Lage zu den wild blasenden Winden zu bringen, um endlich am Kap der Guten Hoffnung zu stranden. Im Durchschnitt verraten die allermeisten Spiele ihre Herkunft aus einer Szene von Spielemachern und Programmierern, die wahrscheinlich viel Spaß daran haben, ihre reichen Spielerfahrungen immer weiter auszubauen – für normale Kids, die gelegentlich auch noch Hausaufgaben machen müssen und zum Basketball-Training gehen, ist vieles, das meiste, was zuletzt auf den Markt kam, schlicht zu kompliziert. (Übrigens: Valdo und Marie lässt sich nicht auf dem Mac spielen.)

*Die Abenteuer von Valdo & Marie,*
*ab 9 Jahre, Ubi Soft, empf. VK 69,95 DM*

## Das Detektivspiel hat seine Form noch nicht gefunden

Eine ganze Reihe von neuen Spielen aus dem anspruchsvollen Abenteuer- und Detektivgenre landete bei meinen Tests mit Zehn- bis Dreizehnjährigen wieder in meiner kleinen bescheidenen Sammlung, wo sie jetzt vor sich hinstauben. Die Kids wollten sie nach mehreren vergeblichen Anläufen nicht haben. Das gilt leider, leider – ich sage es ungern und mit großem Bedauern: Was für Chancen werden da vertan! – besonders für die beiden neuen Produkte der verdienstvollen Ravensburger. *Verrat in der Verbotenen Stadt*, ein zumindest in den Anfangssequenzen wunderbar gestaltetes Stück aus der französischen Cyro-Werkstatt, verspricht alles, was man sich von einer aufwändigen Produktion erhofft. Aber bisher habe ich nicht einen einzigen Spieler gefunden (fünf Versuche wurden erfolglos abgebrochen!), der über ein etwa 30-minütiges Hin- und Hergerenne von einer Amtsstube in die andere hinauskam. Selbst ein Mord zwischendurch tröstet da wenig, man weiß nach ziemlich kurzer Zeit, dass man ihn ja doch nicht auflösen wird. Für *Versailles 1685* – wieder eine Cyro-Produktion, auch bei Ravensburger synchronisiert und verlegt – gilt dasselbe. Schön, aber langweilig.

**Versailles 1685**

*Versailles 1685,*
*ab 12 Jahre, Ravensburger Interactive, empf. VK 99,- DM*

## Verrat in der Verbotenen Stadt

*Verrat in der Verbotenen Stadt,*
*ab 12 Jahre, Ravensburger Interactive, empf. VK 89,- DM*

# Lernspiele: ermutigende Ansätze

In letzter Zeit sind zunehmend Lernspiele auf den Markt gekommen, zeitgemäß verpackt und mit großem Aufwand angepriesen. Nicht nur bekannte Spielehersteller, sondern auch namhafte Schulbuchverlage sind in diesem Genre vertreten – eine Garantie für Qualität?

# Woran erkennt man Qualität?

Irgendwann musste es ja mal passieren. Ich habe es immer gewusst. Irgendwann, habe ich gedacht, werde ich eine CD aus einem alten renommierten Schulbuchverlag in den Computer einschieben, werde, nichts Gutes ahnend und vorsorglich gelangweilt, auf den Monitor starren und dann – whow! Und? Was war? Nix war! Bis gestern.

Klett-Heureka hatte mich zwischendurch mal in helle Aufregung versetzt – das sollte ich, um der Wahrheit die Ehre zu geben, wenigstens anmerken – und mir vor etwa zwei Jahren eine CD geschickt, die von Tim und einem verrückten Professor handelte. Thematisch nicht übermäßig orginell, aber dann lief über meinen Bildschirm ein »Intro«, das die schönsten Pädagogenträume zu erfüllen versprach. Rasante Bewegungen aus der luftigen Perspektive eines Adlers, dann hinunter im Sturzflug mitten in eine Inselgruppe, und schließlich – als sei es Polanskis Vorspann zu »Rosemaries Baby« im Durchlauferhitzer – die rasche Focussierung auf die kleinste der Inseln, dann auf eine Hütte, dann eine Tür – und schon bist du drin! Wo? In Tims Werkstatt, beziehungsweise der des Professors, in der sich Tim sofort zu schaffen machte. Und dann war der schöne Traum vom lebendigen, ästhetischen, spannenden Lernen auch schon wieder ausgeträumt.

Tim, voller Eifer, suchte nach einer Formel. Eine Zeitvorgabe gab es auch. Deine Zeit läuft ab – so hatte man schon in den Fünfzigern die einfallslosen Krimis effektsicher aufgepeppt. Der Täter muss bis 11.34 Uhr gefasst sein, sonst geht die Welt oder New York oder die Titanic unter! Funktioniert immer. Ein Spannungsbogen simpelster und vergnüglichster Art.

Aber alles – der tolle Einstieg, die rasante Bildbewegung, die verrückte Werkstatt und der Zeitfaktor – konnte nichts ausrichten gegen die enorme Langeweile, die das ausströmte, was Tim in den Schubladen fand. Grammatikregeln! Was folgte, war ein weiterer klarer und unwiderlegbarer Beweis für meine immer wieder vorgetragene Behauptung, die ich nach meiner Erinnerung als Zwölfjähriger zum ersten Mal aufstellte: Schule und Didaktik sind in der Lage, alle Spannungselemente auf der ganzen Welt in Sekundenbruchteilen zum Erliegen zu bringen. Nichts bleibt, nichts Lebendiges! Noch das gewaltigste Feuer menschlicher Einbildungskraft und künstlerischer Produktivität sackt angesichts der Formelhaftigkeit des Schuldenkens in sich zusammen und hinterlässt ein armselig qualmendes Häuflein Asche. (»Und nun zu Ihrer Hausaufgabe: Sie sortieren die Asche und formen sie zu zwanzig gleichschenkligen Dreiecken.«)

So also ging es auch mit Tim. Ausgerechnet grammatische Regeln zieht der bedauernswerte Knabe aus der geheimen Schublade des Professors – der allerdings keineswegs so dumpf aussah, als hätte er tatsächlich nur Grammatik und nicht irgendwelche aufregenden Geheimnisse oder wenigstens Pornografisches in seinen Schubladen herumliegen. Hatte er aber nicht. Grammatik, wie gesagt. Und was für welche!

Ich habe in meinem Leben schon viel zu Papier gebracht, im Großen und Ganzen syntaktisch, morphemisch und orthografisch korrekt, will ich mal so behaupten. Aber was Tim da aufblätterte und vor meinen verwunderten Augen lang und breit auf den Bildschirm platzierte, war mir absolut neu. Es ging um das Verhältnis von Aussagesätzen zu Fragesätzen, die, unter Hinzuziehung eines Nebensatzes, mal so und mal so einzuordnen waren. Ich schwöre: Es war grober Unfug. Aber offenkundig Teil des Deutschunterrichts der 6. oder 7. Klasse und aus diesem Grund in Tims hoffnungsfroh begonnenes Spiel hineingerutscht.

Das war zu allem Unglück auch noch so angelegt, dass es keine Möglichkeit gab, der Langeweile zu entrinnen. Wer die Aufgabe mit den Aussage- und Neben- und Fragesätzen nicht pedantisch löste, der kam eben nicht weiter. Nun mache ich ja gern jeden Blödsinn mit, aber keinen, der so pingelig langweilig daherkommt. Ich kann dem Leser deshalb nicht sagen, ob sich das Tim-Spiel zum Ende hin wiederholt, ob im weiteren Verlauf vielleicht ähnlich vortreffliche Bildsequenzen auf den Spieler warten, wie sie ihn anfangs ins Spiel hineingelockt hatten. Ich weiß es nicht. Ich weiß nur, dass jeder Deutschunterricht, der solche Art von Formalisierung der deutschen Sprache zum Inhalt hat, auf der Stelle verboten gehört.

Also war´s nichts mit Tim. Die Reihe wird übrigens bei Klett-Heureka nach wie vor angeboten, und es ist ein Zeichen der schweren Resignation, die unsere kleinen Computerfreaks offenbar überkommen hat, dass sie immer noch zu den besser verkauften zählt.

Aber es geht aufwärts. Habe ich ja gesagt. Gestern war der entscheidende, lang ersehnte, glückliche Tag, an dem ich eine Lernsoftware – diesmal aus dem Hause Cornelsen – einschob und meine vorsorgliche Skepsis mir nichts dir nichts weggewischt war.

Wie das Spiel heißt? Nun warten Sie mal ab! Erstmal: Es ist für Erstklässler gedacht. Und das ist ein weiteres Plus. Die ganz kleinen Schulkinder werden von unseren Software-Verlagen nämlich sträflich vernachlässigt. Offensichtlich geistert durch die Hirne der Macher und der Marketingleute die Vorstellung, dass die moderne Welt ungefähr mit dem neunten Lebensjahr beginnt. Davor ist alles Bilderbuch aus den Fünfzigern. Bunte Häschen, knallrote Bärchen, piepsige Stimmen und doofe Sprüche. (Auf die Ausnahmen komme ich später zu sprechen.) Nicht so bei diesem Titel. *Secret Number* heißt das Spiel.

· · · · · · · · · · · · · · · · · · · · · · · · · · · · · · · · · · · · · · ·

## Secret Number

Lerngegenstand ist das Einmaleins bis 100. Die Aufgaben sind sehr schlicht. Wieder ein Vorteil. Man kann das Einmaleins bei diesem Spiel nämlich *lernen*, man muss es nicht schon beherrschen. (Auch so ein Ärgernis vieler Lernsoftware: Sie fragt nur penetrant ab, ob man das zu Lernende schon *weiss*. Natürlich nicht! Sonst würde man ja was anderes, was Aufregenderes spielen, oder?)

Die kleine Geschichte, in die die Aufgaben eingebettet sind, ist rasch erzählt. Unser Spieler wird in einem Polizeikommissariat mit einer Geheimnummer vertraut gemacht. In sechs Spielsequenzen gibt es zu dieser Nummer kleine Rechenaufgaben, Mengenaufgaben usw. Hat er sie richtig gelöst, darf der Spieler zur Entspannung ein bisschen herumballern – dezent herumballern, versteht sich – und zum guten Schluss den per Fingerabdruck überführten Dieb einfahren.

Soweit nicht so neu. Aber die Bilder, Herrgott, was für schöne, verrückte, detailversessene und vor allem moderne Bilder! Bilder aus unserer Welt! Nein, noch besser, halb surreale Zeichnungen aus einer hyperkaputten Großstadtwelt. Die ist hier noch ein wenig schiefer, kaputter, zerrissener als Großstädte in Wirklichkeit schon sind. Und trotzdem nicht Furcht erregend, sondern voller Spannung. Aufregende, erregende Bilder, das ist es! Und die jetzt vermengt mit Zahlen. Da richtet sich die innere Spannung, die das artifizielle Bild auslöst, sofort als Aufmerksamkeit auf die Handlung. Unser kleiner Spieler wird zum »Schnüffler« ernannt (da rutscht der schon erwartungsfroh auf dem Stuhl herum), mit einer Geheimzahl ausgestattet, und zwar mitten in dem skurilsten Polizeirevier, das er je gesehen hat. Und dann geht´s los! Die Aufmerksamkeit richtet sich wie von selbst von der Handlung auf die Aufgaben, und die besorgen ein unaufdringliches Lernen, danach geht es von den Aufgaben zur Handlung zurück. Ein einheitlicher Spannungsbogen. So soll es sein!

*Secret Number, ab 7 Jahre, Cornelsen, empf. VK 79,- DM*
..........................................................

*Secret Number* ist eines meiner Lieblingsspiele! Noch am selben Tag, an dem das Spiel mit der Post kam, habe ich es nachmittags mit einigen Kindern durchgespielt und abends mit meiner dreijährigen Tochter und meinem dreizehnjährigen Sohn noch mal. Für die Dreijährige war´s nichts, die ist verliebt in Lala, den gelben Tele-Tubbie, und von sonst nichts zu entzücken (was ich mir hätte vorher denken können), aber die anderen waren sehr angetan. Sie haben die Aufgaben im Handumdrehen gelöst und wollten gleich weitermachen. Zwei Siebenjährige, ein Elfjähriger, ein Zwölfjähriger, zwei Zehnjährige. Einer wie der andere. Quer durch die Altersgruppen.

Daran zeigt sich denn auch, dass die »Aufgaben« (die Lerninhalte) gut ins Spiel integriert sind. Denn das ist wichtig: Ob sie tatsächlich Teil eines Spieles sind oder ihm aus durchsichtigen Gründen aufgepappt sind. Also *Störung* sind! Also Lernstoff, also Spielverderber! So ist es in vielen Programmen, nicht nur bei Tim, und das kennen unsere Kinder schon. Hier aber sind die algebraischen Rätsel hervorragend integriert, und der Spannungsbogen zwischen Bild und Bewegung, witzigen Dialogen und Aufgabenstellungen zerreißt nicht ein einziges Mal. Dies, und nichts anderes, ist der Unterschied zwischen gelungener und misslungener Lernsoftware, *Secret Number* ist endlich mal eine gelungene.

Die technische Seite ist einfach auszuführen. Läuft auf Windows und Macintosh, wie es sich gehört. Ein hübsches Begleitheft liegt bei, in dem die Aufgaben für die Eltern noch einmal erläutert werden – dass dabei nicht ganz auf

192

dieses didaktische Kauderwelsch zum Zwecke des Renommees verzichtet wird, sei den Machern nachgesehen, schließlich ist Cornelsen ein Schulbuchverlag.

# Onkel Alberts geheimnisvolles Notizbuch

*Onkel Alberts geheimnisvolles Notizbuch* ist so französisch wie ein Film von Truffaut. Ich weiß nicht, woran man die nationale Kultur schon bei den ersten Bildern erkennt, aber sie ist unübersehbar. Ein interessantes, mit vielen kleinen Geheimnissen und Rätseln versehenes Spiel. Es gehört wohl in die Reihe der Intelligenztraining-Spiele, nicht unbedingt meine Lieblings-Spezies. Aber dieses hier ist etwas Besonderes.

### Onkel Alberts geheimnisvolles Notizbuch

*Onkel Albert* ist eine hübsch widerpruchsvolle Figur. Sie wird von einem Kind, Onkel Alberts Neffen, vorgestellt, und man kann sich bis zum Schluss nicht recht entschließen, ob *Onkel Albert* ein liebenswerter Kinderfreund oder einfach nur ein wenig verrückt ist. Oder beides. Solche Unklarheiten, solche Undeutlichkeiten machen den Reiz auch der französischen Kinderliteratur aus. Hier finden wir ähnliche Motive wieder, und es macht Spaß, ihnen auch auf dem Bildschirm in längeren Video-Sequenzen zu folgen.

*Onkel Albert* ist ein Träumer und Phantast und passt schon deshalb hervorragend in die Computerlandschaft, wie ich im theoretischen Teil dieses Buches darzulegen versuchte. Die Erwachsenenwelt, die Vernunftwelt taucht zwischendurch auch auf, und zwar in Gestalt der Mutter des unsichtbar bleibenden Erzählers. Er hat, als Dorfkind, *Onkel Albert* geliebt und seinen Erzählungen gelauscht (und seine Wutausbrüche gefürchtet). Aber die Mutter hielt alles für Spinnerei, was *Onkel Albert* sagte und schrieb und herumerzählte. Ihr war das peinlich. Wahrscheinlich würde sie heute

193

Computerspiele für kulturell minderwertig halten und am liebsten verbieten lassen. So eine Mutter war das. Kein Wunder, dass *Onkel Albert* starb. Wer will schon ewig in der Erwachsenen-Vernunft-Welt leben?

Und wie das eben so ist mit den phantasiebegabten Träumern. Sie werden einfach vergessen. Sogar unser Erzähler vergisst *Onkel Albert*. Jahre müssen vergehen, bis er auf dem Dachboden auf ein Büchlein stößt und ihm alles wieder einfällt. Das ist doch *Onkel Alberts* Notizbuch! Das legendäre Buch, von dem der Onkel wer weiß wie oft erzählte und an das keiner geglaubt hat. *Onkel Albert* war ein Spinner, aber das Buch gibt es noch. Und als er, der Kindererzähler, es aufschlägt, ist es genauso, wie man es bei *Onkel Alberts* Charakter erwarten konnte. Irgendwie konfus und irgendwie geheimnisvoll. In der Konfusion verbirgt sich ein Rätsel, viele Rätsel, und sie alle zusammen ergeben eine wunderbare Lösung.

Es mag ja viele Worte und Begriffe in der psychologischen Lerntheorie geben, die diese Art von Lern- und Phantasiegeschichten charakterisieren, aber ich möchte lieber ganz auf fachliche Bezeichnungen verzichten. *Onkel Alberts* Notizbuch ist pure Poesie. Der kleine Spieler muss sich jedenfalls in das vergilbte Büchlein mit den seltsamen Notizen geradezu hineinwühlen. Er muss eine gewaltige Fülle von Aufgaben lösen, die mal mit dem Sehen und Hören, dann mit Logik, dann mit Geduld und zuletzt mit allem zusammen zu tun haben. Ein zutraulicher Salamander hilft ihm dabei, und es stellt sich im Lauf des Spieles heraus, dass der Salamander zwar alles von *Onkel Albert* und seinem Notizbuch weiß, aber immer nur so viel preisgibt, wie man für den nächsten Lösungsschritt benötigt. Danach muss man selbst schauen, wie man weiterkommt.

*Onkel Alberts geheimnisvolles Notizbuch* ist ein Glücksgriff, zu dem man Tivola gratulieren möchte. Ein poetisches Intelligenztraining-Spiel. So etwas gibt es nicht allzu oft. Deshalb, liebe Eltern: kaufen.

*Onkel Alberts geheimnisvolles Notizbuch,*
*ab 8 Jahre, Tivola, empf. VK 69,- DM*

# Dr. Brain – das verlorene Gedächtnis

Sierra hat mit *Dr. Brain – das verlorene Gedächtnis* im Herbst ´99 einen ganz anders gearteten, aber ebenfalls sehr hübschen Intelligenztrainer auf den Markt gebracht.

## Dr. Brain – das verlorene Gedächtnis

Das Ambiente ist nicht idyllisch wie bei *Onkel Albert*, sondern auf eine recht verschrobene Weise kühl, technisch. Professor Brain hockt mitten zwischen den vielen medizinischen Geräten und hat einen Topfdeckel, eine Art Nürnberger Trichter auf dem Kopf, durch den all die Intelligenzübungen direkt in sein Gehirn transportiert werden. Kein Wunder, dass es unaufhaltsam wächst und wächst.

Dann schaut man auf ein munter konstruiertes Gehirn-Schema. Jeder Region ist eine Aufgabe zugeordnet. Ob diese

Zuordnung unter neurobiologischen Gesichtspunkten Gültigkeit hätte, wage ich mal zu bezweifeln. Aber als Überblick über die zu erfüllenden Aufgaben (und als Hinweis darauf, welche Gehirnregionen beim Lösen gekräftigt werden) ist das bunte Bild schon geeignet; es ist irgendwie abstoßend und ermutigend zugleich.

Die Aufgaben sind zahlreich. Mit jeder abgeschlossenen Trainingseinheit wächst, so zeigt ein IQ-Thermostat, das Gehirnvolumen um soundsoviel Prozent. Dabei gibt es drei Schwierigkeitsstufen. Natürlich vermehren die schwierigeren Aufgaben die intellektuelle Kapazität mehr als die simplen, aber andererseits: Je entwickelter die Intelligenz eines Spielers schon ist, umso schwieriger wird es, noch mehr Gehirnkraft zuzulegen. Das ist alles wie im wirklichen Leben.

Ein Beispiel: der Gedankenzug. Am Anfang sehen wir einen Schuppen, eine Art Garage für Kugeln in verschiedenen Farben. Sie kullern in regelmäßigen Abständen aus dem Schuppen heraus. Dabei müssen sie durch ein Schienenlabyrinth mit vielen Weichen und Kreuzungen geführt werden, um am Ende im Ziel einzulaufen.

Nun wird´s erst richtig kompliziert: Die Weichen kann man so verstellen, dass einige Kugeln entweder im Kreis zirkulieren oder auf geraden Wegen auf das zu erreichende Ziel zurollen. Wäre nicht so schwierig, wenn es nicht so viele Ausnahmen gäbe. Zum Beispiel darf die blaue Kugel nur auf blauen Schienen laufen, es sei denn, es gibt überhaupt keine gefärbten Schienen. Dann nämlich kullert die Kugel unabhängig von der Farbe der Schienen ins Ziel. Na ja, und so weiter. Ich bin mit den letzten Sätzen den Erläuterungen meines 13-jährigen Sohnes gefolgt – ob ich es so ganz kapiert habe? Egal, er macht Spaß, der Intelligenztrainer Dr. Brain. Die Aufgaben sind so, wie man sie in jedem Trainingsbuch auch findet, nur eben viel beweglicher, anschaulicher, direkter, motivierender. Leicht ist das alles nicht. Im Gegenteil. Ich bin ein ums andere Mal an meiner Ungeduld und an der Vertracktheit der Aufgaben gescheitert, während die Kinder noch grübelnd und experimentierend über den Aufgaben hockten und nicht aufgeben wollten.

*Dr. Brain – das verlorene Gedächtnis,*
*ab 11 Jahre, Sierra/Coktel, empf. VK 29,95 DM*

# Max und Oskar, der Ballonfahrer

Und damit sind wir bei den eigentlichen Lernspielen angekommen. Fangen wir bei den Schulanfängern an.

Die schönste aller Lernspielreihen hat Ravensburger inzwischen wieder vom Markt genommen: die Kichererbsen-Bande. Ein einziger Titel, hört man vom Verlag, sei noch verfügbar, *Die Kichererbsen-Bande auf Weltreise*. Da macht es wenig Sinn, noch einmal von der *Zahlenstadt*, dem schönsten aller Zahlenspiele und dem lustigsten aus der Kichererbsen-Reihe, zu schwärmen. Es war bis obenhin vollgepackt mit witzigen Kombinations- und Puzzlespielen und komischen kleinen Dialogen zwischen dem Äffchen, Käpt´n Clüver und Schrauben-Schrotti und den vielen anderen, Helga und ihre merkwürdige Tierhandlung (mit den ulkigen Kunden) nicht zu vergessen. Nicht mehr erhältlich! So wenig wie das *Hi-ha-Hosenland* oder *Bauer Bonx Hof*. Ein Trauerspiel!

Da heißt es, sich Hilfe suchend bei der Konkurrenz Tivola umzuschauen, die ein immer klarer profiliertes Programm entwickelt und dabei mittlerweile einen ästhetisch und inhaltlich hohen Standard erreicht hat (alle Tivola-Titel laufen übrigens auch auf dem Mac – ein großes Plus).

Tivola-Produkte haben einen ganz eigenen Charakter, eine Handschrift. Das gilt für *Oskar, der Ballonfahrer* ebenso wie für *Max*. Zwei Spielreihen aus dem Genre der Intelligenz- oder, wenn es das Wort gäbe, Klugheitsspiele. *Oskar, der Ballonfahrer* ist unmittelbar den Sachthemen und Sachinformationen zugeneigt, *Max* ist mehr ein Such- und Knobel- und Puzzle-Spiel. Beide mit sehr schöner Grafik, einfallsreichen Szenarien und der Eigenart der Langsamkeit.

»Langsamkeit« ist ja geradezu ein Schlagwort geworden, das besonders unter Lehrern und Psychologen und Kulturschaffenden aller Sparten Hochkonjunktur hat. Tivola hat es in beiden Reihen aber tatsächlich geschafft, das Unvereinbare, den Computer und die ganz gemächliche Handlung, auf eine Weise zusammenzuführen, die irgendwie funktioniert.

»Irgendwie« sage ich deshalb, weil ich selbst gelegentlich arg ungeduldig werde, wenn der gute süße Bilderbuch-*Max* wieder mal seine Zeit braucht, um sich etwa im Gespensterschloss von der Vorhalle bis zu den Treppenstufen vorzuarbeiten, und dann eine meditativ dunkle Männerstimme den eh´ schon nicht belebten Vorgang zusätzlich aufhält und wohltönend fragt: »Soll Max (Pause) die Treppe (Pause) hinaufgehen? (*Lange* Pause) Ja? (Pause) Nein?« Und unsere Kleinen klicken brav auf »Ja« – was denn sonst? -, und dann öffnet sich gemütlich ein neuer Raum, in dem Max gelbe Socken oder verschwundene Teile einer Mondrakete zusammensucht.

Klingt nicht aufregend, ist es auch nicht, wird aber von den Kleinsten bis hinauf zum zehnten Lebensjahr und darüber hinaus heiß geliebt. Vermutlich genießen unsere kleinen Speedys diesen warmen Männerton mit seiner ganz unüberhörbar autoritativen Einfärbung. In derselben Stimmlage sagt ein genervter Kindergärtner auch: »Du willst doch jetzt *ganz bestimmt* dies oder jenes tun.« Und wenn Sie Vater oder Mutter eines Vier- oder Fünfjährigen sind, dann achten Sie mal darauf, wie spontan gehorsam die Kleinen sofort mit dem Kopf nicken! Das ist moderne Pädagogik, auf sanfte Weise nicht den geringsten Widerspruch duldend. Meine dreijährige Tochter jedenfalls ist ganz hingerissen und spricht immer laut mit: »Soll Max --- in die Küche --- gehen? Ja? Nein?« Ja, kräht das unautoritär erzogene Kind und hinterlässt in der Seele seines Vaters tiefe Zweifel an seinen Erziehungsprinzipien. Vielleicht sollte man ... aber das gehört ja nicht hierher.

## Max

*Max (verschiedene Titel), ab 4 Jahre, Tivola, empf. VK 69,- DM*

Im Ernst ist *Max*, ob beim Einkaufen, auf dem Piratenschiff, beim Besuch auf dem Mond oder – mein persönliches Lieblingsspiel – im Gespensterschloss eine von diesen Kindersoftwares, die man erst ziemlich ermüdend findet und dann irgendwann, von den eigenen Kindern zur wiederholten Aufmerksamkeit gezwungen, ganz allmählich, ganz unmerklich, sozusagen gegen den eigenen Willen zu lieben beginnt. Die Oskar-Reihe ist von derselben Machart.

## Oskar, der Ballonfahrer

Das Spiel präsentiert teilweise wunderschöne Grafiken, ein schlichtes, aber endlich mal nicht überkompliziertes Menü, auf dem man sich sofort zurechtfindet, und schon kann man gemütlich und gemütvoll mit Oskar durch den Wald streifen, neugierig einen Bauernhof erkunden, in Wassertümpeln »untertauchen« und dabei hübsch bebildertes und animiertes Faktenwissen abrufen, sich bei kleinen Frage- und Antwortspielen davon überzeugen, was man über Flora und Fauna alles so nicht weiß (und eigentlich auch nie wissen wollte, aber dann wird´s einem doch gesagt, und irgendwie ist das ja auch sehr interessant, wie sich das mit den Fischarten im Tümpel oder der Geschlechterverteilung bei den Kühen auf der Weide verhält). Wann immer ich mit den Kleinen (und, wie gesagt, keineswegs nur den ganz Kleinen), einen dieser Titel gespielt und geklickt und angeschaut habe, stellte sich so eine richtig betuliche Sonntagsschule-Atmosphäre ein. Die Kinder genießen das.

*Oskar (verschiedene Titel)*
*ab 4 Jahre, Tivola, empf. VK 69,- DM*

Die *Milli-Metha*-Reihe ist von derselben Art. *Willy, der Zauberfisch* auch, aber gestalterisch auf höherem Niveau, mit wunderschönen pastellfarbenen Zeichnungen, einem weniger facettierten Text, aber alles so zum Anschauen, als blättere man in einem gelungenen Kinderbilderbuch, in dem sich immer mal wieder irgendetwas bewegt.

## Milli-Metha

*Milli Metha (verschiedene Titel). ab 4 Jahre, Tivola, empf. VK 69,- DM*

## Willy, der Zauberfisch

*Willy, der Zauberfisch. ab 4 Jahre, Tivola, empf. VK 49,90 DM*

# Billi Banni

Bei *Billi Banni* geht es im Vergleich dazu erheblich lauter, bunter und flotter zu. Aber diese immer leicht aufgeregten Spiele haben die vertrackte Eigenart, dass sie einem früher oder später mit ihrer Dauerhektik auf die Nerven gehen – und zwar nicht nur den Erwachsenen, sondern auch den Kindern. Alles ist eine Spur zu optimistisch, das Leben ist eine Kinder-Party (bei Tivola wäre es ein Kindergeburtstag, und wenn ich tief in mich hineinlausche – das gefällt mir besser!), aber davon abgesehen ist auch *Billi Banni* für Erstklässler (und warum nicht schon für Fünfjährige?) ein sehr hübsches, lebhaftes Einstiegsprogramm, das mit Zahlen und Buchstaben vertraut macht.

**Billi Banni**

*Billi Banni, (verschiedene Titel/Altersstufen/Fächer)*
*The Learning Company, empf. VK 49,95 DM*

Wenn Ihr Kind einem krächzenden Papagei die ersten Wörter beigebracht oder mit Biberdame Babs Kulissen geschoben hat, dann hat die Grundschullehrerin schon erhebliche Mühe, Ihrem Sprössling nahe zu bringen, dass Lesen und Schreiben eine mühselige und anstrengende Arbeit ist. Er denkt sich: Im Computer ging´s doch ganz leicht und hat Spaß gemacht. Warum denn jetzt auf einmal nicht mehr?

## Addy

Man muss zugeben, dass das *Lernen ist Fun*-Prinzip, wie ich es oben beschrieben habe, nur begrenzt durchzuhalten ist. Auf die Kinder kommen in den höheren Klassen Aufgaben zu, die einfach zu schwierig sind, um sie mit ein paar flotten Späßen so nebenbei zu erledigen. Sie kosten Mühe und machen möglicherweise gerade deshalb Spaß. Auf dieser Ebene ist *Addy* angesiedelt. Soviel ich weiß, war *Addy* die erste Lernsoftware, die sich direkt auf den Schulstoff bezog – jedenfalls erreichen alle *Addy* -Titel ein durchaus unterhaltsames Niveau, und bei allen ist von Anfang an klar, dass hier gelernt und nicht gespielt wird. Die Aufgaben sind tatsächlich »Aufgaben«, dazu werden einige animierte Ermunterungen präsentiert, dem Spieler wird pro Lerneinheit mindestens fünfmal versichert, dass er der Größte sei, was zwar auch lästig werden kann, aber seien wir ehrlich, die Kleinen können es gar nicht oft genug gesagt bekommen (und die Großen würden es auch gern häufiger hören).

## Addy

Addy gibt es für Englisch, Mathe und Deutsch; es ist nach Klassen aufgeteilt und eng am schulischen Lernstoff orientiert. Der Nachteil: Alle zwei Minuten muss, wie bei den ganz aufwändigen Spielsoftwares, die CD gewechselt werden, und umständliche Installationen sind nötig, bevor die Lernerei losgehen kann. Und von der Existenz des Mac hat man bei Coktel bisher keine Kenntnis genommen.

*Addy (verschiedene Titel/Altersstufen/Fächer),*
*Sierra/Coktel, empf. VK 70,00 – 90,00 DM*

# Emil und Pauline

*Emil und Pauline* ist eine weitere Reihe für Fünfjährige plus... Die ganz große Innovation, die manche Kritiker in den vier Titeln erkennen, ist mir verschlossen geblieben, aber hübsch und lustig ist das alles: Zahlengrapschen in der

Antarktis, mit Kokosnüssen werfen in der Südsee, ein Urgetüm von Ritterburg durchstöbern. Kurz, mit *Emil und Pauline* sind zwei neue Sternchen auf dem Hausaufgaben-Softwaremarkt erschienen, die mit knuffigen Zeichnungen und skurilen Spielen viel Spaß machen und im Übrigen den wichtigen Vorteil haben, dass sie kinderleicht zu bedienen sind und auch diejenigen Kinder erfreuen, deren Eltern im Besitz eines Mac sind.

**Emil und Pauline**

*Emil und Pauline (verschiedene Titel/Altersstufen/Fächer),*
*United Soft Media/Junior, empf. VK 29,95 DM*

## Ursula Lausters Sprach- und Rechenspiele

Auffällig ist, dass der Bildungsmarkt für den Nachmittag immer preiswertere CDs hervorbringt. Die *Emil und Pauline*-Titel liegen schon unter dreißig Mark. Ursula Lausters *Sprach- und Rechenspiele* auch. Frau Lauster, Grundschullehrerin und Mutter, hat aus der Unmenge von Lernmaterialien, die seit den Unterrichtsreformen in den späten Sechzigern überall dort herumliegen, wo zwei Pädagogen versammelt sind, eine höchst erfolgreiche und hilfreiche Buchreihe zusammengestellt. Sie unterscheidet sich nicht wesentlich von den Lernhilfen Mentors und anderer Verlage, ist aber ein Stück weit populärer. Was liegt näher, als sie jetzt auf dem CD-Markt zu platzieren. Das ist alles sehr solide, trägt den Einsichten der Unterrichtspädagogik im Großen und Ganzen Rechnung, ist schlicht und sinnvoll. Begeisterungsstürme entfacht man bei den Kindern damit nicht, aber schaden tut´s ihnen auch nicht.

## Ursula Lausters Sprach- und Rechenspiele

*(verschiedene Titel/Altersstufen/Fächer),*
*United Soft Media/Junior, empf. VK 24,95 DM*

# Start-Klar

Die *Start-Klar*-Serie, die von der Sierra Gruppe jetzt auf den rasch wachsenden Nachmittags-Markt gebracht wird, ist von anspruchsvollerem Format als die oben beschriebene Lernsoftware. Sie ist für Lernanfänger gedacht: eine Serie von simplen, hübsch und sehr bunt gezeichneten Spielen, die alle mit Logik oder Buchstaben oder beidem zu tun haben. In der *Start-Klar*-Reihe dominiert eine hübsche, ideale Spielzeugwelt, und nach meiner Erfahrung mit Lernanfängern, aber auch mit lerngestörten Kindern ermutigt dieser Spielzeugcharakter der Grafiken und Animationen die Kinder ungemein. Sie haben dann das Gefühl, auf ihrer ganz privaten Phantasie-Spielwiese herumzulaufen, Kuchenplätzchen zusammenzurühren oder mit einer Eisenbahn durch den Tunnel zum Hafen und von dort zum Flugplatz zu rattern. Auf diesem Niveau spielen Kinder ganz gern

207

mal, allerdings nicht übermäßig lange, sie verlangen dann nach den Spielen, die, wie im ersten Kapitel beschrieben, ganz andere kognitive und sinnliche Prozesse bei ihnen in Gang setzen, und sie haben Recht damit.

## Start-Klar

*(verschiedene Altersstufen/Fächer), Sierra, empf. VK 40,00 – 70,00 DM*

Die *Start Klar* Serie erfüllt freilich mit ihren Ausgaben für die ersten beiden Schuljahre diese Ansprüche weitgehend. Da geht es um den alt gewordenen Star-Artisten Frankie, der gern seine Ruhe hätte. Aber dazu kommt es nicht, weil Max, der Magier die Zirkunsmanege verzaubert hat. Und wenn er schon mal dabei ist, bösen Zauber zu bannen, dann kann Frankie auch gleich weiterlaufen durch die Buchstaben- und Lernwelt und Selbstlaute wie Perlen sammeln, den Lukas mit Buchstaben hauen oder bei einer Tortenschlacht im ver-rückten Speisesaal Tunwörter von Hauptwörtern unter-scheiden. Wenn man das so liest, denkt man: Nicht viel Neues unter der schulpädagogischen Sonne. Stimmt schon, aber wie es gemacht ist, das hebt die *Start-Klar*-Serie ein Stück weit über das Lernsoftware-Einerlei hinaus.

# O!Kay!

Stellen wir uns nun dem Ernst des Lebens. Schule wird an-spruchsvoll, die ersten Zensuren kommen, die ersten Tränen kullern, die ersten Nervenzusammenbrüche drohen – kurz-um, der Alltag des Lernens beginnt etwa mit dem achten Le-bensjahr. Jetzt ist Schluss mit lustig, jetzt ist Schule immer gleichzeitig Aussieben, Aussortieren, Drohgeste. Da greifen Eltern gern zu Lernhilfen, die ihren Kleinen einen gewissen Vorsprung verschaffen. Das tut unter anderem die Kinder-zeitschrift *O!Kay!*, die Englisch für Grundschüler anbietet.

**O!Kay!**

*Domino Verlag, empf. VK 11,20 DM*
*(Spiel ist nur beim Verlag erhältlich: Menzinger Str. 13, 80638 München)*

Monatlich erscheint die Zeitschrift mit einer Audio-Kassette, vierteljährlich kommt eine CD-ROM dazu, die man auch dem Mac anbieten kann, ein abwechselnd teils deutscher, teils englischer Text mit hübschen Animationen. Wenn er den Kindern das Gefühl vermittelt, man könnte ja mal ganz nebenbei Englisch lernen, dann hat er sein Ziel erreicht.

# English Coach 2000 und Disco

Und zum Schluss will ich noch zweimal Cornelsen loben. Die Rede ist zunächst von der *Multi-Media-Coach*-Reihe, die mit dem populären *English Coach 2000* begonnen und inzwischen um eine Reihe von Fächern – immer »lehrbuchbezogen«, wie es schulbürokratisch heißt – erweitert wurde. Der Gag bei diesen Lernprogrammen besteht darin, dass sie ganz auf Abenteuer verzichten, die ja doch nicht zum Zug kommen, weil man ständig von lästigen Übungen unterbrochen wird (gibt es einen einfacheren Weg, Schülern Lernstoff zu verleiden?). Gut so, recht so. Lernen ist eben nicht Fun, keinem intelligenten Kind kann man solche Sprüche verkaufen (allenfalls geplagten Eltern, die ein schlechtes Gewissen haben, weil es zu Hause wieder und wieder nur ums Lernen geht). Lernen ist Arbeit und Mühe, mitunter macht es sogar Spaß. Und da hat schon der *English Coach 2000* den beachtenswerten Verdienst, dass er Schüler ohne Schnickschnack, sondern einfach mit einer hübschen, anregenden Grafik und durchdachten Lernfragen und -übungen zum Vokabelpauken und anderen unleidlichen Dingen verleitet. Ich jedenfalls habe mich bis heute nicht ganz von meiner Überraschung erholt, die mich ereilte, als mein damals zwölfjähriger Sohn verriet, er habe mit seinem Kumpel *English Coach 2000* gespielt. »Den ganzen Nachmittag?«, fragte ich entgeistert. »Na ja, nicht den ganzen. Aber immerhin.« Ehrlichkeit ist bei den Kids auch in Computerland heftig angesagt. Inzwischen liegt die Multi-Media-Lernwelt von Cornelsen für alle wichtigen Fächer vor.

**English Coach 2000**

*(verschiedene Altersstufen/Fächer),*
*Multimedia Cornelsen, empf. VK 149,- DM*

Und dann ist den Berlinern zuletzt noch ein richtiger kleiner Coup gelungen. Sie erinnerten sich im Herbst ´99 an das lange vergessene Schulfach Latein und ergänzten ihre Lernreihe um den verheißungsvollen Titel *Disco*, der aber mit den Vergnügungstempeln gleichen Namens nichts zu tun hat, sondern nur ein kleines Wortspiel für Lateinanfänger ist. Doch die gute Laune, die schon bei der Wahl des Titels aufkam, konnten die Macher offenbar bei der Arbeit die ganze Zeit über aufrechterhalten.

**Disco**

*(verschiedene Altersstufen/Fächer),*
*Multimedia Cornelsen, empf. VK 149,- DM*

Man glaubt es ja nicht, aber ich selbst (Großes Latinum, und zwar mit »gut« abgeschlossen, um das auch mal zu sagen), allem trockenen Lernen von Herzen abgeneigt, fand mich mit einer netten 13-Jährigen vor wenigen Tagen vor dem Computer wieder – und was taten wir? Wir paukten Lateinvokabeln und Grammatik. Als wenn wir nichts Besseres zu tun hätten! Hat Spaß gemacht, ehrlich. Und was hat »Disco«, was anderen Latein-Lernprogrammen fehlt? Ich weiß es auch nicht so genau. Der Unterschied liegt, wie immer im Leben und immer beim Lernen, im Detail. Die drei Figuren, die einem treu zur Seite stehen, sind einfach richtig komisch und die Struktur der Aufgaben ist ermutigend – kurz, diese Software unterscheidet sich von weniger guten Programmen auf dieselbe Art, wie sich ein guter Lehrer von einem mittelmäßigen unterscheidet. Im Prinzip machen beide dasselbe, und doch hat der eine den gewissen Kick.

# Nachmittags im Internet lernen

Dass *Radio Sunshine Life* und andere Sender dieser Art mit Lernen und Hausaufgaben nichts zu tun haben, weiß jeder. Wer sich als 12-, 13- oder 14-Jähriger nachmittags die Schularbeiten erträglich machen will, indem er ein wenig Hip Hop durch die Wohnung dröhnen lässt, kann mit einem erschwerten Krach seitens der Eltern oder fallweise einem genervten Nachbarn rechnen. Da ist es doch schön, wenn das Internet alles ändert. Wenigstens für einen Tag. Wie am 1. März 2000. Das *Learnetix*-Projekt, eine Kooperation von Cornelsen, dem »Verlag für Bildungsmedien«, wie das Presseheft listig formuliert (wer will heute auch schon Schulbuch-Verlag sein?), und blaxxun interactiv, einem Unternehmen im Bereich »Internet Kommunikation, Commerce und Communities«, feierte online eine Great Opening Party, die allerdings *Learnetix* gar nicht auf den Weg brachte, das gibt es schon etwas länger, sondern promotete, aber darüber freuen sich Schüler auch. MTV und Chatter, die Moderatorin Anastasie und eine Menge von 3-D-Figuren trafen sich in einer virtuellen Party-Lounge und machten zusammen Hausaufgaben, redeten über Schule, klagten vor sich hin und hörten die Charts rauf und runter. So eine Party entspricht natürlich nicht dem, wie Schüler gemeinhin den Nachmittag verbringen. Sie wirft aber ein bezeichnendes Licht auf das, was ich anspruchsvoll »Ungleichzeitigkeit« im nachmittäglichen Schul- und Bildungsmarkt nennen will. Auf der einen Seite die Eltern, die nicht ohne guten Grund auf dem herkömmlichen Pauken und still-stummen Lernen bestehen, und auf der anderen Seite das Multi-Media-Angebot aus einem der renommierten Schulbuchverlage Deutschlands, das eine ganz andere Lernwelt offeriert und sich damit langfristig durchsetzen wird.

Der Alltag allerdings sieht auch bei *Learnetix* etwas anders aus, aber nicht viel anders. Da ist zum Beispiel *Dr. Mathe*, der unbestrittene Star des Internet-Lernmarktes. Ein knuffiger Typ. Vollglatze, süße graue Resthaare, die links und rechts vom Kopf abstehen, rundes Gesicht und runder Bauch und eine breite Kassenbrille auf der Nase. Die Schüler und insbesondere die Schülerinnen lieben *Dr. Mathe*. Sagt jedenfalls der Verlag, und ich bin geneigt, ihm zu glauben. *Dr. Mathe* ist eine würdige altväterliche Erscheinung. Sowas mögen die Kids, die den ganzen Tag mit Erwachsenen zu tun haben, die aus Schülersicht alt sind, aber lieber ganz jung wären, und schon deshalb aus ihrem reifen Lebensalter keine Autorität ableiten können. Nicht autoritäre Erwachsene sind für die allermeisten Kinder und Jugendlichen unglaubwürdig, und ein bisschen langweilig, zumindest dann, wenn sie Lehrer oder Väter oder Mütter sind.

Eben wegen seiner altmodisch abgehobenen Erscheinung sticht Dr. Mathe seine beiden Kollegen für die Fächer Englisch und Deutsch mühelos aus. Eigentlich schade, dass es ihn nicht wirklich gibt! Dabei wurde er mit dem Digitalen Bildungssoftware Preis 1998 ausgezeichnet. Seine Kollegen – das sind *Super James*, ein fescher Typ mit schiefen Augen und dunklem Anzug, der gut Englisch spricht und die Grammatik beherrscht. Ein sehr nützlicher Mann. Und die schrille *Dora Deutsch*, die den Machern ein wenig konventionell geraten ist. Deutschlehrerinnen im Punk-Look, knallrotes Haar und megahohe Schuhe, die auch in der Realität albern aussehen (und virtuell erst recht), das hatten wir alles schon. Aber wie auch immer, *Dora* kennt sich in Grammatik, Syntax, Wortarten und Satzregeln aus, sagt den Kids wie Nacherzählungen und Inhaltsangaben verfasst werden (nämlich ganz langweilig, »keine persönliche Meinung, keine Adjektive« – so steht es im Lehrbuch für Deutsch, 7. Klasse, man glaubt es einfach nicht!) und ist insofern ein angenehmes Wesen, dem man online gern begegnet, wenn man wieder einmal ein Adverb nicht von einem Adjektiv unterscheiden kann.

Die Schüler gehen also dreifach online, Englisch, Mathe, Deutsch, lassen sich informieren und belehren, stellen Fragen, chatten und haben hier und da »action«, sind selbst als »Avatar« unterwegs, und das alles, soweit ich es verstanden habe, ist erheblich unterhaltsamer als ein Vormittag im Klassenraum. Ist das die Schule der Zukunft? Wohl nicht. Da spielen tiefer gehende Fragen nach der Wissensform einer Informationsgesellschaft, nach veränderten Kommunikations- und Symbolordnungen eine Rolle. *Learnetix* ist im Verhältnis zu den Zukunftsfragen der Bildung immer noch »gute alte Schule«. Nur methodisch ist die virtuelle »Learn-Community« (wieder Verlags-Jargon) auf der Höhe der Zeit, und wenn die staatlichen Schulen erst einmal begriffen haben, dass sie schon im Vergleich mit diesen ersten probeweisen Online-Diensten sehr alt aussehen, dann ereilt sie möglicherweise doch noch ein heilsamer Schock. Möglich ist alles...

Für weitere Informationen über das nachmittägliche Lernen bin ich nicht kompetent genug. Ich überlasse die Details einer 14-jährigen Gymnasiastin, die sich besser auskennt.

### Tatjana Blecker: Wen ich wo im Internet treffe und was wir dort lernen

Zunächst die Internet-Adresse: www.Learnetix.de

Von der Eingangsseite kommst Du zum *1. Checkout für Gäste*. Man kann sich alles ansehen, muss aber nichts tun. Außerdem gibt´s die Guider-Tour, bei der einem alles gezeigt wird.

Beginnen wir mit der freien, offenen Komunikation. Im *Treffpunkt* kann man Freunde oder auch die verschiedenen Lehrer treffen. Allerdings eher suchende Schüler als Lehrer. Ich schaue also im Chatplan nach, wann ich den Lehrer meines Herzens antreffe.

Im *Message Board* finde ich Fragen und Daten.

Bei *Wer ist online?* siehst Du, wem Du deine Nachricht schicken kannst.

*Cards*: Hier bist Du in der Lage, deinen Freunden eine virtuelle Postkarte zu schicken.

Im *3D-Chat* kannst Du durch die virtuelle Learnetix-Stadt gehen. Dort können auch Grafittis gemalt werden.

*Eigener Schreibtisch*: Hier kann man lernen, was man möchte.

*Fun und Action*: Hier findet man Spiele zum Entspannen, aktuelle Neuigkeiten, Tipps und Infos, die das Schülerleben erträglicher machen sollen.

Ich finde die Learnetix Seite eigentlich richtig gut, weil sie so viele Möglichkeiten bietet: einerseits kann man Spass haben, andererseits kann man das eigene Wissen überprüfen und verbessern. Nicht so gut finde ich allerdings, das die Seiten zu kompliziert aufgebaut sind, um sie wirklich zu verstehen. Für Schüler der 5. Klasse ist es jedenfalls zu schwer, für höhere Jahrgänge schon besser geeignet. Aber warum geht es denn nicht einfacher?

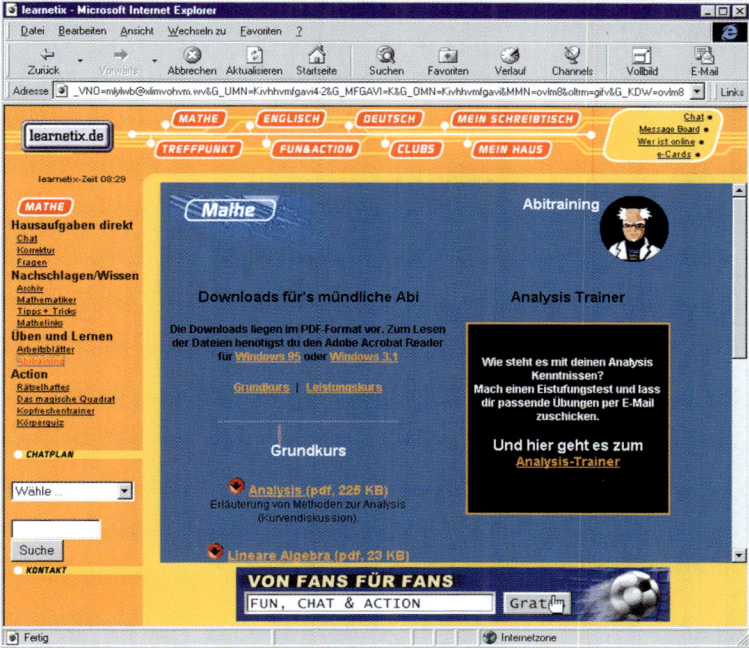

# Lego entdeckt die künstliche Intelligenz

September 1999. Irgendwie hat man es schon immer gewusst: Diese Roboter haben einen Hang zur Selbstzerstörung. Da steht zum Beispiel einer dieser sonderbaren Zeitgenossen auf einer »Brücke« für Fensterputzer hoch oben an der Fassade eines Hamburger Kontorhauses und will sich hinunterstürzen. Handelt er aus freiem Willen? Oder sind wir Zeuge einer Gewalttat? Denn hinter dem Robby aus Lego-Steinen, der einen offensichtlich ängstlichen Eindruck erweckt, wird nun ein zweiter Roboter sichtbar, ein so genannter Teufels-Roboter. Er scheint seinen Kumpel zu schubsen, an den Dachrand zu drängen. Von freiem Willen kann offensichtlich keine Rede sein. Andererseits, was heißt bei einem Roboter schon »Wille« (und was »Gewalt«)?

Der freiwillige oder unfreiwillige Springer besteht unter anderem aus drei programmierbaren Lego-Steinen, so genannten RCXs, sechs Getriebemotoren zum Fahren, zum Bewegen der Arme und zum Drehen und Neigen des Kopfes, einem Berührungssensor, der die Stöße des anderen, des Teufel-Roboters registriert, zwei Lichtsensoren, die Begrenzungen und Leitlinien identifizieren und noch allerhand an Mechanik und Elektronik mehr.

In Zürich, wiederum im September ´99, kämpfen zwei Roboter darum, die Spitze einer zwei Meter hohen Steilwand zu erklimmen. Beide Kletterer sind, einer ausgelegten Spur folgend, »autonom« in ihre Ausgangsposition gerollt, fingern nun aufgeregt die Wand nach Haltpunkten und Löchern ab, in die sie ihre kantigen Finger einhaken, und ziehen sich nun Stück für Stück hoch. Die miteinander kommunizierenden RXCs im Robby lenken die Energie von einem zum anderen Arm, während sich sein Unterteil zugleich immer wieder in die Ausgangsposition zurückdreht.

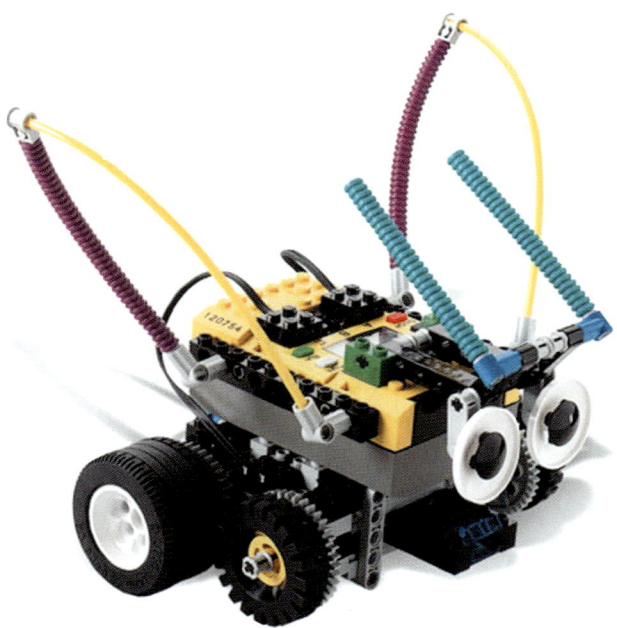

Die RXCs kennen sich mit Zahlen aus, sie zählen also die schon überwundenen Löcher in der Wand, bis ihnen die letzte Zahl die Information gibt, dass sie den Gipfel erreicht haben. Dann schießen sie ein Drahtseil ab, das sich an einer Stange festhakt, und gleiten damit sicher und offensichtlich zufrieden auf den Boden zurück. Die Wand kann übrigens auch zählen; sie weiß, weil ebenfalls mit RXCs ausgestattet, welcher der beiden Roboter zuerst an der Spitze war, und zeigt nun eine Flagge, die das Signum des mechanisch-elektronischen Siegers trägt.

Beide Aktionen sind Teil einer PR-Tour, auf der Lego ein Produkt vorstellt, das den dänischen Hersteller nach einer kurzen Zeit der Flaute auch im digitalen Zeitalter eine Pole-Position in der Kindergunst sichern soll. Legos *Mindstorm* wurde in Aarhus und in Boston entwickelt, am Massachusetts Institute of Technology. Dort war neben anderen Seymour Papert an dem Projekt beteiligt, der sich mit seiner Programmiersprache für Kinder und einer beachtlichen Publikation zum Thema »Familie im Netz« zum Experten für alles, was mit Kindern und Computern zu tun hat, zu entwickeln scheint.

*Mindstorm*, ein Name, wie ihn die amerikanischen Computerpioniere lieben, ist der Anschluss künstlicher Intelligenz, neuronaler Vernetzung und genetischer Algorithmen (auf sowas muss man erstmal kommen, klingt für mich nicht nach Forscher-, sondern nach PR-Sprache und ist es wohl auch) an die Kinderspielzeugwelt. Im Lego-Baukasten findet das eingeschüchterte und beglückte Kind nicht weniger als 700 Bauteile, die freilich hervorragend Schritt für Schritt erklärt sind. Außerdem Licht- und Bewegungssensoren, Motoren, Räder, Riemen und im Heiligsten, im Mittelpunkt der mechanisch-elektronischen Wundertüte das gelbe RXC-Modul, das einen Mikrocomputer, eine Infrarotschnittstelle sowie ein Display enthält, und an das die anderen Legosteine angedockt werden.

Man glaubt's ja nicht, aber mein Sohn hat einen der imponierenden Roboter in einer guten Stunde zusammengebastelt und drängte dann sogleich auf Anschluss an den väterlichen PC. Dazu wird zunächst Software installiert. Die Benutzeroberfläche sieht so aus, als sollten ganze Welten gesteuert werden. Sie enthält eine gründliche Einführung in die Programmierung des *Robotic Invention Systems*, da dürfte Paperts Handschrift sichtbar werden, und dann werden Verknüpfungen vom Steuerprogramm im Computer über den Infrarot-Sender ins RXC-Modell geladen (was da technisch vor meinen verständnislosen Augen vor sich geht, ist mir vollkommen unbegreiflich!). Schließlich zeigt sich, dass das Ding tatsächlich funktioniert. Robby fährt, dreht sich, scheut, bevor er hinunterstürzt, vor der Tischkante zurück wie ein transsylvanischer Fürst vor dem Kruzifix und zeigt, dass er lernfähig und lernbereit ist. Künstliche Intelligenz im Rohzustand.

Lego bleibt Lego, aus den Klötzchen lassen sich unzählige Varianten bauen. Der Aufwand ist jedoch beträchtlich. Aber die Geduld unserer sonst so ungeduldigen Kinder war schon mit den traditionellen Lego-Steinen erstaunlich hoch, hier, beim Eintritt in die virtuellen Realitäten, dürfte sie unerschöpflich sein. Die »Montage« der fahrbaren Roboter ist das geringste Problem. Aber die Programmierung entlarvt sich trotz der netten bunten Bildsymbole als Wissenschaft für sich, zumal dann, wenn man mehrere Sensoren und Motoren zur Steuerung der gelenkigen Robbies verwenden will.

Bei genauer Betrachtung bestätigt sich an diesem hochwertigen Spielzeug, was wir bereits über Computerspiele gesagt haben: In der Tendenz wird hier ein Umgang mit Geräten, Spielen, künstlicher Intelligenz und gespeichertem Wissen erkennbar, bei dem die Grenzen des uns Vertrauten weit überschritten werden. Und eben das fasziniert unsere Kinder.

# Nachwort

Es ist ratsam, mit psychologischen Begriffen stets behutsam umzugehen. Das gilt auch für Computerspiele. Einige Software-Verlage haben es sich angewöhnt, bereits auf der Verpackung ein ganzes Feuerwerk an lernpsychologischer, meist pseudo-wissenschaftlicher Überredungskunst abzufeuern. Da ist von den erklecklichen Erkenntniszuwächsen die Rede, die Ihre Kleinen mit Hilfe eben der angepriesenen Software »spielerisch« (dieser Hinweis fehlt nie) gewinnen würden. In den meisten Fällen sind derlei Hinweise barer Unsinn. Das Ganze fällt eher unter die Rubrik »Eltern veralbern«.

Natürlich lässt sich selbst die kleinste alltägliche Handlung so mit lernpsychologischen Begriffen verpacken, dass daraus eine Therapie wird. Nebenbei bemerkt: Bei manchen dieser so genannten »Therapien« habe ich den Verdacht, dass sie simple Alltagsdinge so lange theoretisch aufmöbeln, bis daraus ein Lern- oder Verhaltenstraining geworden ist. Jeder Gang über eine belebte Straße kann unter solcher Wortbombastik zur »Raumorientierung«, zum »Bewegungstraining der linken und rechten Augenmuskulatur« oder zur »Focussierung von Aufmerksamkeit in visuellen und auditiven Sequenzen« und ähnlichem Schnickschnack werden.

Genauso verhält es sich mit der Verpackungs-Psychologie bei Computerspielen. Natürlich strengt ein Kind seinen Kopf an, wenn es spielt. Das tut es schließlich bei jedem Spiel, ja bei jeder Handlung. Auch das Verspeisen einer Pizza hat seine »kognitiven« Anteile. Trotzdem verkauft kein Mensch Pizza mit dem Argument, dass die Kaumuskulatur trainiert und die neurophysiologische Verarbeitung von Hunger- und Satt-Impulsen einer Regulationsübung unterworfen würden. Pizza ist Pizza und damit basta.

Vorsicht ist also geboten. Vorsicht aber auch – deshalb setze ich diese kleine Mahnung an das Ende meines Buches –

gegenüber den Argumentationsschemata, die ich vor allem im ersten Kapitel aufgezeigt habe. Die dort beschriebenen und bei den Spielern beobachteten seelischen, intellektuellen und sinnlichen Prozesse verknüpfen sich auf eine sehr spezifische Art, sodass sich daraus – und nicht allein aus der Tatsache, dass bei Spielen nachgedacht, gehört und geschaut wird – die Annahme begründen lässt, gute Videospiele, gute Computersoftware hilft den Kleinen beim Lernen. Und zwar intellektuell und seelisch.

Erst die Verdichtung dieser Vorgänge macht die besondere Qualität der Spiele aus. Dabei müssen die ästhetischen und inhaltlichen, die rationalen und phantastischen Anteile so zusammenpassen, wie es bei den besten Spielen auf eine bewundernswerte Weise der Fall ist. Erst dann – und nur dann! – haben wir Recht, wenn wir sagen: Computer machen Kinder schlau.

# Bildnachweis

Fotografie:
Volker Derlath    8, 24, 40, 45, 86, 95, 98, 114, 140, 186,
                  212, 214, 218, 223
Wolfgang Bergmann    128, 164

Illustration:
Katja Lechthaler    29, 62, 73, 76, 79, 91, 130

# Liste der Spiele

Activision: *Civilization*    145

Bullfrog/Electronic Arts: *Theme Park World*    155

Cornelsen: *Secret Number*    191

Hasbro/Microprose: *Roller Coaster Tycoon*    152, 153

Infogrames: *Die Völker*    142, 143
            *Fritzi Fisch*    56, 59, 60, 81, 83, 84
            *Pyjama Pit*    18, 21, 23, 35, 48, 50, 52, 105, 110
            *Töff-Töff*    111, 112, 113

Learnetix    217

Lego    220

Lucas Arts: *Grim Fandango*    118, 121

Maxis/Electronic Arts: *Die Sims*    158
                       *Sim City*    148, 149

Nintendo: *Pokémon*    63, 64, 65, 66, 67

Ravensburger Interactive: *Fünf Freunde*    16/17, 138/139, 174, 175, 176, 177

*Elroy*    178

*Verrat in der Verbotenen Stadt*  185

*Versailles 1685*    184

Sierra/Coktel: *Addy*    204

*Dr. Brain – das verlorene Gedächtnis*    196

Sierra/HAVAS: *Caesar 3*    162

The Learning Company: *Billi Banni*    203

Tivola: *Ein Fall für Mütze*    170

*Max*    199

*Milli-Metha*    202

*Onkel Alberts geheimnisvolles Notizbuch*    194

*Oskar*    201

*TKKG*    168,

*Willy, der Zauberfisch*    202

Ubi Soft: *Die Abenteuer von Valdo & Marie*    181, 182

United Soft Media/Junior: *Emil und Pauline*    205, 206


Ohne Abbildung

Multimedia Cornelsen: *Disco*    210

*English Coach 2000*    210

Sierra: *O!Kay!*    209

*Start-Klar*    208

United Soft Media/Junior: *Ursula Lausters Sprach- und Rechenspiele*    207

Die Abbildung der Spieleszenen erfolgte mit freundlicher Genehmigung der jeweiligen Hersteller

# Register

## A

| | |
|---|---|
| Abenteuer | 58 |
| Lust auf | 42 |
| Abenteuerspiel | 178 |
| Abstraktes | 55 |
| Abstraktion | 30, 53, 55 |
| Abwehrkette | 75 |
| Addy | 204 |
| Adventure-Spiele | 12, 82, 89, |
| | 101, 141 |
| Aggressivität | 107, 120 |
| Algorithmen, | 47 |
| genetische | 221 |
| Alles-Möglich-Szenarium | 36 |
| Allmachtsspiele | 142 |
| Alltagswelt | 72 |
| Alltagswirklichkeit | 101, 104, 122 |
| Alternativen, in denken | 131 |
| Analphabeten | 92 |
| Analphabetismus | 93 |
| Angst | 60, 74 |
| vor dem Lernen | 79 |
| Ängste | 75 |
| Angstkette | 74 |
| Angst-Monolog | 20 |
| Anstrengung, geistige | 60 |
| Anziehungskraft des | |
| Computers | 104 |
| Assoziationsketten, negative | 74 |
| Aufbauspiele | 151 |
| Aufgaben | 39, 112, 183, 204 |
| Aufgabenbewältigung | 41 |
| Aufmerksamkeit | 44, 96, 99, 103, |
| | 117, 124, 130, 192, 200 |
| Aufmerksamkeitsschwäche | 116 |
| Ausdruckswelt | 78 |
| Auswendiglernen | 43, 129 |
| Auswirkungen seines | |
| Handelns | 142 |
| Autonom | 29 |

## B

| | |
|---|---|
| Ballerspiele | 101 |
| Bauer Bonx Hof | 198 |
| Belehrungsabsichten | 21 |

| | |
|---|---|
| Belohnung | 127 |
| Beratung | 126 |
| Beratungsstellen | 181 |
| Bereiche, identitätsstärkende | 51 |
| Betreuung, pädagogisch- | |
| psychologische | 122 |
| Beweglichkeit der Sinne | 103 |
| Bewegungserinnerung | 28 |
| Bewertung | 42 |
| Bewusstsein | 108 |
| Beziehungsaufnahme | 159 |
| Bildeffekte | 123 |
| Bilder, computerisierte | 32 |
| Bilder, digitiale | 154 |
| Bilderarmut | 43 |
| Bilderwelt | 177 |
| Bildräume | 41, 80, 103 |
| Bildsprache | 44 |
| Bildtechnik, digitale | 44 |
| Bildungsmarkt | 206 |
| Bildungspolitiker | 46 |
| Bildwelt, digitale | 117 |
| Bildwelten, | 104 |
| phantasiereiche | 43 |
| surreale | 122 |
| Billi Banni | 203 |
| Brief Papert | 21 |
| Buch | 101 |
| Buchkultur | 102 |
| Buchstaben | 31, 68, 203 |
| Buchstabenfolge | 89 |
| Buchstabenreihe | 90 |

## C

| | |
|---|---|
| Caesar 3 | 161 |
| CD-ROM | 43 |
| Chaos Strukturen | 52 |
| Chaos | 39 |
| Chaos-Ordnung | 52 |
| Charakter, narzisstischer | 141 |
| Civilization | 142, 144, 146, 180 |
| Computer, | 101 |
| Rechnen im | 74 |
| Schreiben im | 74, 76 |
| Magie des | 32 |
| Computer-Software | 46 |

Computerspiele    14, 41, 43, 50,57,
                  102, 136
Computerspielen,    33
    realitätsferner
        Charakter von    74
Computerwelt    72
Cyber-Menschen    144, 146

## D

Darstellungstechnik    32
Das Geheimnis der Mayas    168
Das Rätsel der
    Villa Drachenkralle    167
Datenbanken, vernetzte    46
Denkarmut    43
Denkaufgaben    20
Denken lernen    48
Denken,    27, 33, 43, 45, 47, 55
    menschliches    136
Denkfiguren    50
Denkinhalt    173
Denkleistungen    55
Denkschulung    54
Denkvorgänge    58, 90
Detektivspiele    165, 173, 181
Detektivspielen    172
Deutsch    215
Die Abenteuer von
    Valdo und Marie    181
Die Kichererbsen-Bande
    auf Weltreise    197
Die Sims    157, 160
Die Völker    142, 146
Dienst, schulpsychologischer    69
Differenzieren    89
Differenzierung der kindlichen
    Wahrnehmung    172
Disco    209, 210
Diskriminieren    53, 82
Diskussion,
    bildungsphilosphische    13
Disziplin    131, 133
Disziplinlosigkeit    133
Donner und Blitz
    machen mir nix    21, 48
Dora Deutsch    215
Dr. Brain – das verlorene
    Gedächtnis    195
Dr. Mathe    214

Dramaturgie    175
Durcheinander    39

## E

Edutainments    14
Egozentrik    144
Ein Fall für Mütze    170, 171
Einfühlungsvermögen    172
Einmaleins    190
Elroy    20, 177, 178, 180
Elroy auf Gangsterjagd    179
Elroy und der Techno-Käfer    179
Eltern    129, 144
Emil und Pauline    205
Englisch für Grundschüler    208
Englisch lernen    209
Englisch    215
English Coach 2000    209
Entscheidung    132
Entwicklung,
    geistige    144
    kindliche    25
Entwicklungspsychologie    92
Entwicklungsstufen    36
    des Kindes    27, 93
Erfahrung,    161, 173
    Kontinuität in der    92
    positive    74, 76
    sinnliche    28
Erfahrungsfeld    37
Erinnern, differenzierendes    92
Erinnerungen, negative    74
Erinnerungsleistungen    53
Erkennen, differenzierendes    92
Erlebensgedächtnis    32
Erlebnislandschaft, symbolische    122
Erlebnisräume    41, 72
Erlebniswelten, phantasiereiche    43
Erschließen    55
Erziehung    126
Experimentieren    35
Expertenmentalität    26

## F

Fähigkeiten,
    intellektuelle    22
    kognitive    26
    seelische    22
    topologische    33

Faktenwissen 200
Familie 160
Familienspiele 159
Fantasy-Gangsterjagd 181
Fehler, 72, 77
    legasthenische 79
Fernsehen 129
Figuren, narzisstische 101
Film 105
Fleißnachweis 47
Flexibilität 146
Formen, Sinn für 53
Frage- und Antwortspiele 200
Freiheit, spielerische 38
Fritzi Fisch 58, 81, 89, 106
Fritzi Fisch und
    das Flossengespenst 136
Fritzi Fisch und die gestohlene
    Trompetenschnecke 58
Fünf Freunde 173, 177
Fünf Freunde auf
    Schatzsuche 174
Furcht 70

## G

Gardner, Howard 26, 30, 173
Gedächtnis 54, 85, 90, 108
Gedächtnisleistungen,
    trainierte 54
Gedächtnisübungen 53, 173
Geduld 127, 195
Gefühle, narzisstische 35, 101, 107
Geheimnisse 123
Gehirn, menschliches 136
Gehirnforschung 137
Gehirnregionen 136
Gehorsamsleistung 47
Gesetzmäßigkeiten 37, 72
Gesichtspunkte,
    lernpsychologische 14
Gestaltung,
    ästhetische 181
    komplexe 181
Gleichgewichtssinn 93
Gleichzeitigkeit 46
Grim Fandango 20, 118, 122, 136
Größen-Selbst 35
Grundlagenforschung,
    neurophysiologische 136

Grundschule 173
Grundschulpädagogik 62

## H

Handeln 46
    im Symbolischen 74
    denkerisches 45
    kinderpsychologisches 58
    symbolisches 126
Handelns, Effektivität des 126
Handlungsweise 123
Hausaufgaben 38, 205
Helden 100, 104, 141, 175
Held-Sein 104
Hi-ha-Hosenland 198
Hören 195
Humongonus 97
Hyperaktiv 125

## I

»Ich-auch«-Instinkt 61
Ich-Wechsel 168
Identifikation 101, 123
Identifikationsangebote 120
Identitätsangebote 127
Idole 35
Illustrationen 43
Impulskontrolle 125
Individualisierung 134
Information,
    ästhetische, nicht logische 85
Informationen, verfügbare 46
Informationsaufnahme,
    lineare 136
Informationsverarbeitung,
    lineare 136
Intellekt 137
Intellektualität, kindliche 51
Intelligenz 14, 22, 28, 33, 87,
    160, 196
    erwerben 25
    emotionale 15, 143
    Entfaltung von 36
    intellektuelle 15
    kindliche 25
    künstliche 219, 221
    menschliche 147
    rationale 143

Intelligenzschwach 69
Intelligenzspiele 198
Intelligenztrainer 195, 197
Intelligenztraining 87, 146, 195
Intelligenzübung 53
Interaktionen,
    komplexe 146
    vernetzte 150
Interaktivität 43
Internet 12, 45, 137, 213, 216
Internet-Service für Schüler 13
Irrealität 36

**J**

Jerry Forrester 150
Jungenträume 101

**K**

Kapazität, intellektuelle 196
Keine Angst vor dem Dunkeln 105
Kinder,
    hyperaktive 94, 115, 116
    legasthenische 69
    lernbehinderte 57
    lerngestörte 68, 70, 207
    lernschwache 88
    lernschwierige 80
    Umgang mit lernbehinderten 68
    unkonzentrierte 96
Kindergarten 173
Kinderphantasien 38
Kinderpsychiater 69
Kinderseelen 69
Kindersoftware 166
Kindersoftware-Markt 12
Kinderspiel 37
Kinderspiel-Software 46
Kindes, intellektuelle
    Entwicklung eines 96
Kinesiologen 69
Kleine Häwelmann-Pädagogik 61
Kleinkind 27, 29
Knobelaufgaben 20
Knobeln 35
Knobel-Spiel 198
Kognitionspsychologie 25
Kombinationsspiele 197
Kommunikation 159

Kommunikationsordnungen 216
Komplexität 44
Kompliziertheit 51
Konstellationen, autoritäre 130
Kontinuität, räumliche 28
Kontrolle 41, 134
Konzentration 39, 60, 96, 109
Konzentrationsfähigkeit 120
Konzentrations-
    schwächen 68, 116, 125
Konzentrationstraining 146
Koordinationsfähigkeit 146
Körperbeherrschung 93
Körperrealität 75
Kreativität, soziale 159
Kunstwelt 72

**L**

Landschaften,
    geometrisierte 53
    symbolische 55
Langsamkeit 198
Lateinanfänger 210
Latein-Lernprogramm 211
Learnetix 213, 216
Lebenssysteme, komplexe 147
Legastheniker 89, 90, 93, 94
Lego 219, 222
Lehrbüchern 44
Leistungen, 42, 74, 108
    seelische 126, 171
    psychische 125
Leistungsschwäche 88
Lernanfänger 207
Lernen, 38, 42, 47, 55, 69,
    74, 97, 108, 129,
    190, 192, 209
    symbolisches 126
Lernen ist Fun-Prinzip 204
Lernfragen und -übungen 209
Lernhilfen 208
Lerninhalte, Aufbau der
    hierarchischen 129
Lerninhalte, mechanisch-formel-
    hafter Charakter der 47
Lern-Medium 137
Lernmodelle 132
Lernprobleme 96
Lernprogramme 209

Lernpsychologie 54, 74, 84, 89, 90, 125
Lernsoftware 54, 190, 204, 207
Lernspiele 187, 197
Lernstoff 31, 192
Lerntraining 93
Lernübungen 97
Lernvoraussetzungen 93
Lernvorgänge 46, 58
Lernwissen 43
Leseabenteuer 102
Leseanfänger 90
Leseangst 71
Lesekultur 101
Lesen, 32, 37, 61, 87, 90, 93, 101, 136, 204
flüssiges 90
Lesen lernen 88
Lesetherorien 97
Lichtszenarien 104
Linearität der Schrift 102
Literatur 101, 105
Lob 80
Logik 33, 195
Logiktraining 173

**M**

Mädchenträume 101
Massachusetts Institute of Technology 150, 221
Mathe 215
Max 197, 199
Medien, neue 10, 11, 45
Mediengebrauch 14
Medientechnik 43
Merkfähigkeit 96
Methodik 46
Milli-Metha 201, 202
Mindstorm 221
Mitgefühl 69, 171, 172
Modellen, denken in 28
Modellhandeln 132
Möglichkeitswelt, phantastische 71
Moralerziehung 173
Motiv lernender Kinder 42
Motivation 99, 108
Motive, narzisstische 42
Muppets 21

**N**

Narziss 36
Narzissmus 38, 100, 143
Narzisstisch 100
Normerfüllung 47

**O**

O!Kay! 208
Objektkonstanz 90, 93, 94
Onkel Alberts geheimnisvolles Notizbuch 193
Ordnung, 34, 39, 55
formalistische 49
lineare 102
räumliche 53
topologische 29, 38
Ordnungen, 102
seelisch-intellektuelle 136
topografische 34
Ordnungsbereitschaft 131
Organisation 55
Orientierungen, topologische 33
Orientierungsvermögen 39
Oskar, der Ballonfahrer 197, 200

**P**

Pädagogik 61, 67
Parallel Distributing Processing 137
PC-Spiele 12
PC-Spielen 15
Perspektivenwechsel 171
Phantasie 33, 71, 102, 106, 154
Phantasien 42, 100, 102
Phantasieren 154
Phantasiewelt 177
Phantastik 33
Planmäßiges 55
Planung 146
Planungsintelligenz 149
Planungstheorie 150
Plausibilität 101
Plausibilitätsraum 107
Pokémon 63, 158
Prozesse, kognitive 208
seelische 115
sinnliche 208
Prüfstand 41

Prüfung 78
Psyche 32
Psychospiele 159
Puzzle-Spiele 197, 198
Pyjama Pit 19, 22, 33, 48, 89,
51, 105, 136

## Q

Qualität 188

## R

Rätsel 22, 192
Rätsel lösen 35
RCX 220
Reaktionen, negative 125
Reaktionsfähigkeit 39
Reaktionsverzögerung 126
Realität 34, 36, 71, 101, 154
Realitätsansprüche 104
Realitätsbezug 71
Realitätsferne 33
Realitätskraft 101
Realitätsnähe 154
Rechnen 93
Rechtschreibfehler 78
Reflexion 119
Repräsentanz, seelische 76
Risikobereitschaft 132
Roboter 222
Robotic Invention Systems 222
Rolle des Schöpfers 141
Rollenspiele 12, 75
Rollentausch 168, 171
Roller Coaster Tycoon 150, 152
Rücksichtnahme,
Bereitschaft zur 172
RXC 221

## S

Sawyer, Chris 151, 154
Schlüsselfähigkeit 89
Schnelligkeit, Begabung zur 94
Schonung 70
Schreibangst 71
Schreiben 32, 61, 87, 93, 204
Schreiben und Schreibenlernen 77
Schreibprobleme 93
Schrift 31, 38, 68, 69, 78

Schrifterwerb 88
Schriftsymbole, Logik der 102
Schriftwelt 70
Schriftzeichen 37, 77, 78
Schulanfänger 197
Schularbeiten 213
Schulbücher 43
Schule 31, 38, 41, 46, 47, 59,
129, 181, 208, 215
Schulerfolg 89
Schulhefte 77
Schulkinder 116
Schulpädagogik 42, 43
Schulstoff 204
Schulunterricht 13, 14, 131, 134
Schwierigkeitsgrad 51, 112
Secret Number 190, 190
Seele, kindliche 73
Sehen 195
Selbstbewusstsein,
individuelles 68
29
Selbstbild,
negatives 108
69
Selbstdisziplin 133
Selbsterfahrung 75
Selbsterprobung, reflexive
und aktive 75
Selbstgefühle 69
Selbstkontrolle 119
Selbstkorrektur 119
Selbstreflexion, aktive 74
Selbstveränderung, reflexive
und aktive 75
Selektion 54
Sensationen, sinnliche 37
Sensibilität, soziale 172
Sesam-Straße 21
Seymour Papert 221
Sicherheit des Funktionierens 103
Sim City 146
Sim Earth 146
Simulationen 72
Simulationsspiele 101, 133,
141, 147, 151, 154, 159, 161
Sinne 28
Sinnliches 55
Software-Markt 43
Spannung 175, 179, 180
Spannungszustand 42
Spiel 88

Spielanlage 51
Spiel-Atmosphäre 20
Spiele, anspruchsvolle 117
Spielemarkt 14
Spielen, intelligentes 96
Sprache 27, 31, 136
Sprachstörungen 93
Start-Klar 207, 208
Stellvertreter-Realität
  des Cyberspace 127
Strafe 80
Strategiespiel 151
Strukturen, kognitive 36
Suchmaschinen, digitale 46
Such-Spiel 198
Super James 215
Symbolbedeutungen 38
Symbole 37, 74, 77, 92
Symbolen,
  Gebrauch von 75
  intelligenter Umgang mit 68
  Umgang mit 75
Symbolischen,
  Fühlen im 122
  Handeln im 122
Symbolordnungen 36, 216
Symbolräume 75
Symbolstrukturen, kognitive 32
Symbol-Wirklichkeit 75
Symbolzusammenhänge,
  intelligenter Umgang mit 68
Systeme, vernetzte 146

**T**

Tagträume 42, 108
Tamagotchi 158
Technik, digitale 72, 101, 107
Teilhaben am
  gesellschaftlichen Leben 127
  sozialen Leben 127
Teufelskreis 125
Textverarbeitungsprogramme 80
Theme Park World 155
TKKG 166, 167, 169,
  171, 173, 177
Töff-Töff
  reist durch die Zeit 110, 111
Töff-Töff 110
Tom Sawyer-Effekt 61

Totenreich 20
Trainieren von Wesen
  und Intelligenz 87
Training, 50, 85
  psychologisches 126
  soziales 181
  sozial-kommunikatives 115
Trainingsprogramme 126
Traum 71
Traumcharakter 104
Träume 67
Träumen 104, 107, 154

**U**

Überlegungen, psychologische 15
Unterricht 80
Unterrichtsform 130
Unterrichtsinhalt 130
Unterrichtsstoff, sinnleerer 131
Unterscheiden 55
Unterscheidungsfähigkeiten 93
Unterscheidungsvermögen 53, 88
Ursula Lausters Sprach- und
  Rechenspiele 206

**V**

Veränderung von
  Gefühlen 137
  Verhalten 137
Verantwortung 132, 133
Verhalten, 80
  soziales 161, 173
Verhaltensalternativen 122
Verhaltensgrenze 124
Verhaltensmöglichkeiten 122
Verhaltenspsychologie 125
Verhaltenstherapie 119
Verhaltenstraining 115
Verhaltensübungen, soziale 115
Verhaltensweisen 125, 137
Verkleidung 168
Verknüpfung von Zeichen 97
Vermeidungsverhalten 70
Vernetzung, 46, 149
  neuronale 221
Vernunft 34, 103, 146
Vernunftordnung 36
Verrat in der Verbotenen Stadt 185

Versailles 1685    184
Versinnlichung    43
Verstehen, soziales    171
Versuchshandeln, symbolisches 126
Voraussetzungen, kognitive    96
Vorgehen, planmäßiges    55
Vorverstehen    91

## W

Wahrnehmen,    55
   soziales    171
Wahrnehmung,    30, 55
   bilden    25
   soziale    159
   sinnliche    55
Wahrnehmungsanforderung    82
Wahrnehmungsdifferenzierung 171
Wahrnehmungshintergrund    67
Wahrnehmungsleistung    84
Wahrnehmungsmuster    90
Wahrnehmungspsychologen    53
Wahrnehmungspsychologie    97
Wahrnehmungsraum    94
Wahrnehmungstraining    171, 173
Wahrnehmungsvoraussetzungen 93
Wahrnehmungsvorgänge    115
Wellen,    27, 32
   kognitive    34
Weltverständnis    27
Werteerziehung    110, 173
Wiedererkennung    166
Will Wright    150, 157
Willy, der Zauberfisch 167, 201, 202
Wirklichkeit    71
Wissen,    42, 45
   gleichförmiges    42
   lebendiges    41
   mechanisches Anwenden
     von    171
   Verarmung von    43
Wissens,
   Revolutionierung des    47
Wissensformen, schulische    46
Wissenspädagogik    42
Wissensvermittlung,    44
   bürokratische    44
Wissens-Wellen    36
Wortanalyse    136
Wortbedeutungen    91

Wortbilder    90, 92
Worterkennungsprogramme    92
Wünsche    67, 102

## Z

Zahl    38, 68
Zahlen    30, 69, 203
Zahlenspiele    197
Zahlenstadt    197
Zeichentherorien    97
Zeitalter, digitales    44
Zensuren    43, 47, 208
Zentralperspektive,
   Auflösung der    34
Zukunftslernen    127
Zukunftstechnologie    11
Zwischenraum, seelischer    72
Zwischenrealität    71, 108

Steve Biddulphs aktueller Longseller:
Das Geheimnis glücklicher Kinder

Die Paperback-Ausgabe des einmaligen
Weltbestsellers eignet sich gut als Geschenk
und passt in Format und Ausstattung
hervorragend zu den anderen Biddulph-
Titeln in der KidsWorld-Reihe

**brian.bade@schering.de, Berlin 9.8.1999**
»Das Buch ist einfach klasse. Meine Frau
brauchte ca. 3 Monate, um mich davon zu
überzeugen, es zu lesen. Aber dann las ich
doch mal eine Seite (im Urlaub) und es wurden
schließlich alle ... mein Tipp an die Jugendämter:
Gebt das Buch verzweifelten Eltern kostenlos mit.
Ihr spart Euch damit mindestens das 1000-Fache
an Arbeit!«

**Saarländischer Rundfunk**
»Wenn Sie dieses Buch mit seinen gut strukturierten Kapiteln lesen, werden Sie
buchstäblich die stützende Hand auf Ihrer Schulter spüren.«

199 S.  77 farbige Ill.  Pb. 15 x 23 cm  DM 24,80, sFr 23,00, öS 181,00  ISBN 3-89530-000-4

Steve Biddulphs Folgeband zu
Das Geheimnis glücklicher Kinder

gibt Antwort auf zwei der drängensten
Fragen heutiger Erziehung:
Wie können Eltern lernen, Disziplin und
Gehorsam von ihren Kindern zu fordern,
ohne auf physische Gewalt oder
Einschüchterungen zurückzugreifen?
Wie können Eltern ermuntert werden, ihre
Kinder selbst zu erziehen und die Aufgabe
nicht anderen Personen zu überlassen?
In diesem Ratgeber macht Steve Biddulph
verblüffenderweise klar, dass Eltern Disziplin
nur erfolgreich einfordern werden, wenn sie
ihren Kindern sowohl »sanfte« als auch
»standfeste Liebe« entgegenbringen. Und die
Biddulphsche »Strafmaßnahme« »Stillstehen
und Nachdenken« zeigt, dass Gehorsam ein
Lernziel hat – nämlich das Kind zur eigenständigen Verhaltenssteuerung anzuregen.

Neben so ungewöhnlichen Vorschlägen wie Gehälter für Eltern stellt Steve Biddulph auch
seine Position zur Fremdbetreuung von Babies und Kleinstkindern zur Diskussion: Kinder bis
drei Jahre sollten dauerhaft, nur wenn unbedingt notwendig, nicht von Erwachsenen, die
eine emotionale Bindung zu dem Kind aufgebaut haben (wie die Eltern), betreut werden.

208 S.  50 farbige Ill.  Pb. 15 x 23 cm  DM 24,80 sFr 23,00 öS 181,00  ISBN 3-89530-020-9

Kevin Steede

## Die zehn goldenen Regeln guter Eltern

Jedes Kapitel dieses Buches nennt eine Regel, d.h. wirksame, leicht nachvollziehbare Strategien, wie Eltern die häufigsten Fehler bei der Erziehung vermeiden können: z.B. keine geistigen Minen in den Köpfen der Kinder zu legen, die Tür der Kommunikation nicht zuzuschlagen, in Worten etwas zu verlangen, was man in Taten konterkariert oder besonderen Bedürfnissen der Kinder keine Aufmerksamkeit zu schenken.

Am Ende jedes Kapitels hilft eine kurz und prägnant formulierte Erinnerungsliste die Grundsätze der jeweiligen »Goldenen Regel« im Gedächtnis zu verankern.

Ein kurzer Selbsttest versetzt den Leser oder Leserin zudem in die Lage, den Inhalt des Vorangegangenen noch einmal aus eigener Sicht nachzuvollziehen.

»Es kommt darauf an, sich klarzumachen, daß man als Eltern nicht einfach Vater oder Mutter ist, sondern, daß Elternschaft etwas ist, was man tut«.  **Kevin Steede**

»Ein hervorragendes, sich an der Lebenspraxis orientierendes Buch. Ich kann es nur empfehlen.«  **Steve Biddulph**

200 S. 20 farb. Ill. 15 farb. Fotos  Pb., 15 x 23 cm  DM 26,80/sFr 25,-/öS 196,-
ISBN 3-89530-031-4  Ausl. März 2000

David Haslam

## Jedes Kind will essen

Die heutigen Eltern stehen heute vielfach hilflos im Sperrfeuer der von den großen Lebensmittelkonzernen auf allen Kanälen losgelassenen Werbefeldzüge einerseits und den vorwurfsvollen Blicken der Müsli- und Yoghurt-Fraktion auf der anderen Seite.

Dieses Buch hat das Ziel, die häufigsten Ernährungs- und Eßprobleme anzusprechen, mit denen Eltern konfrontiert werden – und praktikable Lösungen zu bieten.

• Was ist unter guter Ernährung zu verstehen?
• Wodurch zeichnet sich die gelungene
  Entwicklung eines Kindes aus?
• Wie gehe ich mit Nahrungsverweigerung um?
• Wann nimmt man die einzelnen Mahlzeiten am besten zu sich?
• Welche Bedeutung haben Tischmanieren?
Übergewicht, auswärts essen, Bauchweh, Modelebensmittel, Lebensmittelallergien u.v.m.

192 S. 15 farb. Ill., 20 farb. Fotos  Pb. 15 x 23 cm  DM 26,80/sFr 25,-/öS 196,-
ISBN 3-89530-032-2  Ausl. Feb. 2000

Speulhof/Lehmann

### Heilende Geschichten

Wenn Erwachsene mit ihrem Erziehungs-
latein am Ende sind, dann bedarf es
oftmals einer anderen Sprache:
der des Geschichtenerzählens.

Denn Kinder lieben Geschichten über alles,
klingt in ihnen doch eine Kunst an, die so alt
ist wie die Menschheit selbst.

Dieses Buch enthält Geschichten zum Vorlesen
oder Nacherzählen und Geschichten, für die
jedesmal ein anderer Fortgang gesucht wird.

Die Autoren Barbara van den Speulhof und
Fréderic Lehmann sind beide erfahrene Pädagogen und Kommunikationstrainer. Sie zeigen
in erfrischend klarer Weise, wie Sprache auf
Kinder wirkt und wie sie hilfreich in Form von
Geschichten oder Metaphern eingesetzt
werden kann.

In diesem Buch dient der erhobene Zeigefinger nur dazu, auf den leuchtenden
Sternenhimmel oder die gen Süden fliegenden Kraniche zu zeigen.

Doch das ist ja schon der Anfang einer neuen Geschichte ...

200 S.  25 farb. Ill., 15 farb. Fotos  Pb. 15 x 23 cm  DM 26,80/sFr 25,-/öS 196,-
ISBN 3-89530-024-1  Ausl. Nov.1999

Reidunn Stuedahl

### Ein Glück, daß es Oma und Opa gibt

Die norwegische Psychotherapeutin und Päda-
gogin Reidunn Stuedahl, selbst seit kurzem
Großmutter, schildert, eingebettet in viele Geschichten und Zitate, was Nähe und vertrauter
Umgang für beide Seiten bewirken können. Frei
von Erziehungspflichten können die Großeltern
das Beisammensein mit den Enkeln genießen
und ihnen helfen, ihren eigenen Weg auch in
Problemlagen zu finden.

Die Beziehung zwischen Großeltern und Enkel-
kindern ist für beide Teile von viel größerer Bedeutung als gemeinhin angenommen wird. Großeltern sind nicht nur willkommene Babysitter und
Helfer bei Elternüberlastung. Dieses Buch zeigt
auf, dass es auch eine eigenständige Beziehung
zwischen Oma, Opa und den Enkeln gibt. Für bei-
der seelischen Haushalt spielt der andere eine lebensnotwendige Rolle.

Besonders illustrieren dies Passagen, die beschreiben, wie Kinder und Großeltern unter
dem Abbruch der Beziehungen leiden, was Großeltern für Kinder geschiedener Eltern
bedeuten – und wie es Großeltern trifft, wenn sie ihre Enkel und Enkelinnen nie zu Gesicht
bekommen haben (z.B., weil nicht das eigene Kind das Sorgerecht erhielt).

224 S.  28 farb. Ill.  15 farb. Fotos  Pb. 15 x 23 cm  DM 26,80  sFr 25,-  öS 196,-

ISBN 3-89530-029-2  Ausl. Nov. 1999